VINS
DU RHÔNE

Guide du connaisseur

Vins
du Rhône

ARABELLA WOODROW

Adaptation française de Claude Dovaz

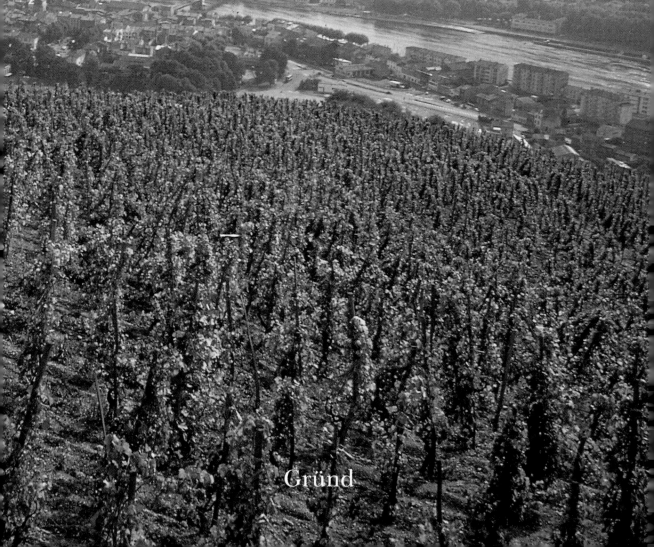

Gründ

Page de faux-titre : le matériel moderne n'est plus, hélas, pittoresque comme cette vieille machine.

Page de titre : la Chapelle Saint-Christophe monte la garde au-dessus de Tain-l'Hermitage.

Adaptation française de Claude Dovaz
Texte original de Arabella Woodrow
Avant-propos de Simon Loftus

Première édition française 1989 par Librairie Gründ, Paris
© 1989 Librairie Gründ pour l'adaptation française
ISBN : 2-7000-6444-5

Dépôt légal : septembre 1989
Édition originale 1989 Hamlyn Publishing Group Ltd
© 1989 Arabella Woodrow pour le texte
© 1989 Simon Loftus pour l'avant-propos
© 1989 Hamlyn Publishing Group Ltd pour les illustrations

Photocomposition : A.P.S., Tours

Produit par Mandarin Offset

Imprimé et relié à Hong Kong

TABLE

AVANT-PROPOS

De toutes les régions vinicoles de France, la vallée du Rhône est peut-être la plus ancienne et l'une de celles où le respect de la tradition est le plus solidement ancré dans les mentalités. Son cépage le plus noble, la Syrah, qui engendre les admirables vins rouges des Côtes-du-Rhône septentrionales, serait originaire de Perse et pourrait avoir été amenée par les Grecs de Phocée ou les légions romaines. On sait que celles-ci ont taillé, au flanc des coteaux abrupts d'Hermitage et de Côte-Rôtie, les terrasses sur lesquelles on cultive encore aujourd'hui la vigne et que la viti-viniculture a pris un grand essor à l'époque gallo-romaine. L'œnophile se félicite de ce qu'un grand nombre de viticulteurs des Côtes-du-Rhône soient restés résolument individualistes, car ce sont de petits vignerons qui élaborent, dans le secret de leur cave au sol en terre battue, quelques-uns des meilleurs vins du monde. On peut encore observer des chevaux de labour dans les vignobles les plus accessibles, tandis que le travail sur les terrasses les plus élevées est toujours entièrement manuel. Et les vins les plus admirables sont toujours mis en bouteilles à la main, directement au sortir du fût, sans collage ni filtration.

Malgré l'effrayante pollution industrielle qui empoisonne l'atmosphère et ronge la campagne au sud de Lyon, malgré les grands barrages hydro-électriques et les centrales atomiques, la vallée du Rhône demeure une région très tranquille qui résiste opiniâtrement au changement. L'existence campagnarde se déroule selon un rythme immuable et nulle part ailleurs en France, le rituel du déjeuner – qui dure deux heures – n'est-il aussi religieusement observé.

Un jour, j'ai eu l'impudence de me présenter chez Auguste Clape, un des meilleurs producteurs de Cornas, dix minutes avant midi. Sa femme apparut dans l'embrasure de la porte, les mains apparemment dégoulinantes de sang : il me fallut un moment pour comprendre que c'était du jus de cassis. Un instant plus tard, monsieur Clape sortit de son potager, de l'autre côté de la rue, une botte de radis à la main. Il n'était évidemment pas question, dans ces circonstances, de goûter au dernier millésime et je pris rendez-vous pour l'après-midi. «Bon appétit», me dirent-il aimablement avant de fermer la porte.

Un autre jour, à peu près à la même heure, je m'arrêtai dans une rue de Tournon pour demander mon chemin à un personnage bizarre qui était le seul être humain visible. Il chercha d'abord à me vendre un sac en papier brun plein d'énormes escargots, puis se résigna à me renseigner, visiblement étonné que quelqu'un osât ignorer le moment sacré du déjeuner. «Bon appétit», grommela-t-il avant de se hâter vers sa maison.

À vrai dire, un solide appétit est indispensable dans cette région qui produit des vins fortement aromatiques et ayant beaucoup`de caractère, indubitablement faits pour accompagner le repas. Les vins anémiques qui ont aujourd'hui la faveur de certains consommateurs peu avertis y sont rares. Curieusement, ces vins rouges pleins de soleil sont parfaits avec des mets d'hiver comme la venaison ou le bœuf en daube, et ces blancs riches et sensuels sont admirablement mis en valeur par des quenelles de brochet lyonnaises. Même le Saint-Péray effervescent n'est pas un vin d'apéritif : sa robustesse lui permet d'accompagner splendidement les andouillettes.

Comprendre l'encépagement de la vallée du Rhône ne présente pas de grandes difficultés. L'âme des rouges des Côtes-du-Rhône septentrionales est la Syrah épicée, qui évoque la vanille dans sa jeunesse et révèle des arômes de fumée d'automne quand elle prend de l'âge. À première vue, la situation se complique plus au sud – certains Châteauneuf-du-Pape n'associent pas moins de treize cépages –, mais dans l'ensemble, c'est assez simple : les rouges sont issus du Grenache (le cépage dominant qui sert à tout, mais est capable de grandes choses), du Mourvèdre (un merveilleux cépage très tannique aux arômes sauvages), de la Syrah (le cépage classique du nord) et de cépages secondaires. Les grands blancs viennent soit de l'association Marsanne-Roussanne (prunier et fleur d'oranger) soit du seul Viognier, cette délicieuse rareté, au parfum d'abricot bien mûr.

En revanche, la recherche de bons producteurs exige beaucoup de temps et d'efforts, et c'est là que vous trouverez ce guide particulièrement utile. Arabella Woodrow a une grande expérience personnelle de toute la région qu'elle a longuement sillonnée en tous sens. Elle a goûté d'innombrables vins et nous indique, pour chaque appellation, ceux qu'elle a trouvés les meilleurs et pourquoi. Un tel guide ne saurait être définitif car la situation change constamment. Une nouvelle génération prend le relais, encouragée par l'intérêt accru pour les vins de qualité (et par des prix en hausse). Les vieux vignerons qui pouvaient craindre, il y a une décennie, de voir disparaître les traditions auxquelles ils sont attachés, sont maintenant épaulés – et parfois concurrencés – par leurs fils. Ceux-ci veulent associer le savoir-faire hérité de leurs ancêtres aux connaissances acquises à la faculté d'œnologie, aux leçons apprises de producteurs d'autres régions et même de l'étranger : un étonnant contraste avec le chauvinisme régional qui a souvent freiné le progrès dans le passé. À chacune de mes visites dans les vignobles de la vallée du Rhône, j'ai découvert des vins merveilleux dans des caves qui n'auraient pas mérité le détour il y a encore quelques années.

Peut-être des noms qui seront bientôt célèbres ne sont-ils pas mentionnés dans les pages qui suivent, mais je rends hommage à l'audace dont a fait preuve Arabella Woodrow en nous indiquant les producteurs qui sont aujourd'hui, à son avis, les meilleurs. J'ai personnellement pris grand intérêt à lire ses commentaires sans complaisance, clairs et concis, sur chaque appellation et sur de nombreuses communes.

Finalement, j'espère que ce livre encouragera le lecteur à visiter la région. Le plaisir de déguster patiemment chez soi, entre amis, la gamme étendue des vins du Rhône est grand, mais rien ne remplace l'exploration du vignoble, les visites de caves, une ascension des terrasses de Côte-Rôtie ou d'Hermitage, une promenade aux pieds des Dentelles de Montmirail et un confortable déjeuner dans un des excellents restaurants de la région.

SIMON LOFTUS

LA VALLÉE DU RHÔNE ET SES VINS

Il est presque impossible d'apercevoir la terre sous les gros cailloux qui parsèment le sol de cette vigne à Châteauneuf-du-Pape.

INTRODUCTION

Le Rhône prend sa source dans un glacier suisse. Propre et froid, il pénètre en France à l'ouest de Genève et parcourt encore un peu plus de 800 km avant de se jeter dans la Méditerranée, près de Marseille. C'est ce que disent les manuels de géographie, qui oublient souvent de mentionner les vins splendides qui jalonnent son cours.

La vigne n'est pas cultivée dans toute la partie française de la vallée du Rhône. On distingue les vignobles septentrionaux qui forment un étroit ruban se déroulant de Vienne, au sud de Lyon, à Valence (auxquels on rattache le vignoble de Die, à l'est de la Drôme) et les vignobles méridionaux, beaucoup plus vastes et qui débordent largement vers l'ouest et, surtout, l'est, s'étendant de Pierrelatte au sud d'Avignon.

De nombreux voyageurs ne s'éloignent pas de l'autoroute A7 reliant Lyon à la Côte d'Azur ou de l'autoroute A9 menant en Espagne. Pourtant la vallée du Rhône offre au touriste, qu'il s'intéresse aux monuments, aux paysages ou à la table, des richesses justifiant amplement qu'il y passe toutes ses vacances. La table est une raison aussi bonne qu'une autre – et même meilleure en ce qui nous concerne –, l'amour du vin étant partie intégrante de la gastronomie.

La vallée du Rhône est riche en produits agricoles. Dans la partie septentrionale, les vergers longent le fleuve et il y a abondance de primeurs. La lavande et les herbes aromatiques embaument le Sud. On cultive le basilic et l'origan près de Saint-Rémy-de-Provence et l'estragon sur le plateau du Vaucluse (où l'on récolte aussi des truffes); le thym, le romarin et la sarriette poussent sur tous les coteaux tandis que les oliviers abondent autour de Nyons. L'ail et l'huile d'olive dominent la cuisine régionale : les Provençaux disent que le poisson vit dans l'eau et meurt dans l'huile d'olive.

La campagne regorge de volaille et de gibier, sans oublier les troupeaux sans lesquels il n'y aurait pas un si bel assortiment de fromages de vache et de chèvre. Les amateurs de confiserie adorent particulièrement le célèbre nougat de Montélimar fabriqué avec le miel et les amandes produits dans la région.

L'abondance de produits frais de qualité suscite l'éclosion de restaurants de premier ordre, nombreux dans la vallée du Rhône. Un vrai gourmet ne manquera pas de s'arrêter chez Pic, à Valence, et de goûter à de splendides vins des Côtes du Rhône septentrionales comme un Hermitage blanc et un Cornas ou un Côte-Rôtie, accompagner peut-être un foie de canard au marc d'Hermitage et un pigeon aux aubergines. Une autre étape gourmande s'impose – bien qu'elle se situe au sud des Côtes du Rhône méridionales – à l'Oustaù de Baumanière, aux Baux-de-Provence, avec cette fois un gigot d'agneau en croûte avec un Châteauneuf-du-Pape ou un Gigondas. Après le déjeuner, ici ou dans un des autres bons restaurants des Baux ou des environs, une promenade digestive dans la ville morte et le village-musée sera indiquée.

La vallée du Rhône est riche en monuments, notamment romains. A Vienne, on peut admirer le Temple d'Auguste et de Livie, le Théâtre romain et la Pyramide qui décorait le cirque romain et qui a donné son nom à un restaurant où l'on peut goûter le rarissime Château-Grillet; l'ancienne cathédrale Saint-Maurice marie l'architecture romane et gothique.

Le vignoble commence au sud de la ville et toutes les appellations septentrionales se trouvent sur la rive droite du fleuve, à l'exception de celles de Crozes-Hermitage et d'Hermitage. Une petite route en lacets grimpe au-dessus de Tain-l'Hermitage jusqu'à une chapelle Saint-Christophe, édifiée par le chevalier Gaspard de Sterimberg. En revenant de la croisade contre les Albigeois, il fut charmé par les lieux et la reine de France, Blanche de Castille, lui permit d'y établir sa retraite. Il y vécut jusqu'à mort dans la solitude, en cultivant sa vigne. Un des vins de la région les plus recherchés est aujourd'hui l'Hermitage La Chapelle de Paul Jaboulet.

Dans les Côtes du Rhône septentrionales, les vestiges de la culture gallo-romaine sont omniprésents. Commençons la journée à Orange par une vistie au Théâtre antique, un des plus grands et des mieux conservés. À Vaison-la-Romaine, où la circulation est moins éprouvante, nous pourrons admirer plus tranquillement le Théâtre romain, l'ancienne Cathédrale Notre-Dame-de-Nazareth et le Cloître, le Pont romain et la Ville médiévale. Il est temps de déjeuner, par exemple dans un des

POULARDE AU LIRAC ROSÉ

1 poularde de 2 kg et 2 petites truffes de Valréas
1 bouteille de Lirac rosé
1 verre de marc d'Hermitage
1 verre de Rasteau blanc VDN
24 petits oignons blancs et 8 fonds d'artichaut

4 échalotes grises et 4 petites carottes
2 cuillères d'huile d'olive
beurre et crème épaisse
20 g de farine
sel, poivre, quatre-épices, ail, persil, laurier

Salez et poivrez l'intérieur de la poularde, glissez-y une gousse d'ail et faites-la dorer sur toutes les faces dans une cocotte en fonte, dans 2 cuillères d'huile d'olive, puis flambez-la au marc d'Hermitage.

Ajoutez 24 petits oignons blancs; 3 échalotes grises et 3 carottes, émincées; 1/2 feuille de laurier et 2 brindilles de persil; sel et poivre du moulin. Laissez mijoter 1/4 heure.

Retirez la poularde, faites roussir la farine et, sans cesser de remuer à la spatule de bois, versez lentement le rosé tiédi. Remettez la poularde et cuisez à feu moyen pendant 1 heure.

Pendant ce temps préparez les truffes. Brossez-les soigneusement; faites blondir dans une noisette de beurre

1 échalote et 1 carotte finement hachées. Ajoutez les truffes, assaisonnez de sel, poivre et une pincée de quatre-épices. Aussitôt qu'elles sont chaudes, mouillez avec 1 verre de Rasteau blanc; laissez pocher 1/4 heure sans bouillir. Prélevez les truffes, coupez-les en lamelles.

Faites cuire les fonds d'artichaut citronnés à l'eau bouillante salée pendant 1/2 heure; réservez au chaud.

Retirez la poularde, les oignons et réservez au chaud. Faites réduire la sauce, ajoutez-y le jus de cuisson des truffes et les lamelles de truffe; rectifiez l'assaisonnement et liez avec 2 cuillères de crème épaisse.

Présentez la poularde avec sa garniture de fonds d'artichaut et d'oignons, envoyez la sauce à part et servez avec une bouteille de Tavel bien frais.

---

cafés bordant la place du marché, avec quelques verres de vin. Si nous sommes plus ambitieux, nous monterons jusqu'à Séguret pour déguster des truffes en chemise à La Table du Comtat.

Redescendons dans la vallée, franchissons le Rhône et explorons le Gard, ses garrigues, ses canyons et ses nombreux vestiges romains. Le plus célèbre est sans doute le Pont du Gard, à 3 km à l'ouest de Remoulins. Ce splendide ouvrage de 275 m de long, construit il y a 2 000 ans, est formé de trois séries d'arcades superposées supportant l'aqueduc qui alimentait Nîmes en eau captée à une cinquantaine de kilomètres, à la fontaine d'Eure, près d'Uzès. On peut y louer une barque pour admirer le pont à partir de la rivière et parcourir les gorges du Gardon. Il ne manque pas d'endroits où goûter la cuisine régionale, par exemple au Vieux Castillon, à 4 km au nord-est de Remoulins (à Castillon-du-Gard). Nous en profiterons pour comparer les vins du Gard avec ceux de la Drôme et du Vaucluse, peut-être avec un filet de lapereau aux olives.

Pendant que nous nous trouverons dans le Gard, nous ne manquerons pas de visiter Nîmes et ses monuments romains. Il vaut la peine de consacrer deux ou trois heures aux arènes – à peine moins vastes que celles d'Arles et où ont aussi lieu des corridas –, à la Maison carrée, un des plus beaux temples que les Romains nous aient laissés, et à la ville médiévale.

Revenons sur le fleuve, notre fil conducteur, et arrêtons-nous à Avignon, qui marque la fin des Côtes du Rhône méridionales. La ville a été immortalisée par le pont d'Avignon de la chanson populaire – sur lequel on ne danse plus en rond –, dont il ne reste plus que 4 arches sur 22 et qui aurait été construit par Saint-Bénézet au XIIe siècle. Son titre de gloire est le palais des Papes, un des plus beaux témoignages de l'architecture gothique du XIVe siècle, construit par deux souverains pontifes successifs, Benoît XII et Clément VI.

C'est leur prédécesseur, Jean XXII, qui fit édifier, à mi-chemin entre Avignon et Orange, le château fort de Châteauneuf (aujourd'hui Châteauneuf-du-Pape), au cœur du vignoble, dont il ne reste plus que des ruines (il fut incendié pendant les guerres de religion et ce qui en restait fut dynamité en 1944 par les troupes allemandes). Seule subsiste la cave immense où l'on proclame toujours le ban des vendanges. À Châteauneuf-du-Pape, on peut déguster les vins de la région dans les caves de nombreux producteurs ou, si l'on veut un support solide, à la table de la Mule du Pape. On y trouve aussi le musée du vin du Père Anselme.

L'industrialisation de la vallée du Rhône n'a pas été sans conséquence sur la viticulture, notamment dans les Côtes du Rhône septentrionales où elle a entraîné une pénurie de main-d'œuvre et, par conséquent, la réduction de la surface cultivée : un emploi bien rémunéré dans une usine présente plus d'attrait que le dur travail dans un vignoble de coteau, souvent moins bien payé.

LA VALLÉE DU RHÔNE

Dans les temps préhistoriques, de nombreux peuples, dont les Ligures et les Celtes, se fixèrent successivement dans la partie de la vallée du Rhône où se trouve aujourd'hui le vignoble. Vers 600 av. J.-C., les Grecs de Phocée (Asie Mineure) fondèrent *Massalia* (Marseille) et créèrent dans le voisinage le premier vignoble.

Avec les échanges commerciaux, le goût du vin et l'art de cultiver la vigne remontèrent la vallée ce que prouvent les amphores grecques exhumées à Marseille et à Tain-l'Hermitage. Justin, historien latin du IIᵉ siècle, a écrit que les Grecs marseillais « ont appris aux Gaulois à cultiver la terre, à fortifier les villes, **à tailler la vigne** et à planter l'olivier ».

La Syrah, qui engendre cette merveille qu'est l'Hermitage rouge, pourrait venir de Perse, de l'antique région viticole de Chirāz. Certains pensent que ce cépage fut apporté dans la vallée du Rhône par les Phocéens, via Marseille, d'autres que ce sont les légions romaines qui l'ont apporté au IIIᵉ siècle des vignobles d'Égypte, via Syracuse, en Sicile - d'où son nom -, quand l'empereur Probus rendit aux Gaulois la liberté de cultiver la vigne (Domitien avait ordonné, en 92, d'arracher la moitié du vignoble pour protéger les vins italiens de la concurrence). D'autres encore soutiennent que la Syrah a été apportée du Moyen-Orient ou de Chypre à Tain-l'Hermitage par le chevalier de Sterimberg (*voir* page 10).

C'est après la conquête romaine que le vignoble prit de l'extension, au cours du Iᵉʳ siècle av. J.-C. Les Romains créèrent de nombreuses colonies, peuplées d'anciens légionnaires, souvent dans des localités existantes comme Orange, Vaison-la-Romaine, Valence et Vienne, capitale des Allobroges, dont ils firent la capitale provinciale.

Les vins de l'époque romaine ne ressemblaient pas à ce que nous connaissons, car on y ajoutait de la résine pour en assurer la conservation. Le vin de Vienne, *vinum picatum*, était si réputé qu'il était exporté à Rome. C'est aux Romains que l'on doit les vignobles en terrasses tels qu'ils existent encore aujourd'hui.

L'invasion des barbares et le départ des Romains provoqua la disparition de la culture de la vigne. Plusieurs siècles s'écoulèrent avant que les vignobles ne ressuscitent, au IXᵉ siècle, principalement sous l'impulsion de l'Église.

Après la translation du Saint-Siège à Avignon, au début du XIVᵉ siècle, le Pape Jean XXII fit construire le château qui donnera plus tard son nom au Châteauneuf-du-Pape. Il fit aussi replanter le vignoble mais, s'il offrait volontiers le vin qui y était produit, il préférait personnellement le vin de Beaune. Ce fut aussi le cas de ses deux successeurs.

Dans le nord, l'Hermitage devint célèbre après que Louis XIII, qui l'avait goûté sur place, eut donné l'ordre d'en faire venir régulièrement à la cour. Au début du XIXᵉ siècle, c'était le vin le plus cher de France, grands Bordeaux compris. Dès le siècle précédent, l'Hermitage prenait le chemin de Bordeaux dont il servait à renforcer les vins (on disait « hermitager »). Cette pratique atteignit des sommets dans les années 1860 – il y eut même des étiquettes comme « Margaux-Hermitage » – ce qui jette un curieux éclairage sur le fameux classement de 1855 des crus du Médoc. De même, le Châteauneuf-du-Pape épaulait les Bourgogne.

Le premier groupement officiel de communes viticoles remonte à 1731, quand plusieurs communes du Gard, dont Tavel, Chusclan et Lirac, purent utiliser la dénomination « Côtes du Rhône » pour leurs vins. Les lettres CdR étaient marquées au fer rouge sur leurs fûts. Aujourd'hui, l'appellation régionale Côtes du Rhône s'étend à six départements : Ardèche, Drôme, Gard, Loire, Rhône et Vaucluse.

On sait qu'à la fin du XIXᵉ siècle, *Phylloxera vastatrix*, un puceron américain qui fut observé pour la première fois en 1864 à Lirac, dans le Gard, détruisit presque complètement le vignoble français. Tout fut essayé, en vain, pour l'éliminer – il vit toujours dans nos vignes – et le vignoble ne put être reconstitué, partiellement, que grâce au greffage des cépages originaux sur des porte-greffe d'origine américaine résistant à l'insecte dévastateur.

Dans toute la France, les producteurs de vins réputés étaient depuis longtemps victimes de falsifications quand les premières mesures concrètes furent prises, en 1923, à Châteauneuf-du-Pape : sous l'impulsion d'un des leurs, le baron Le Roy

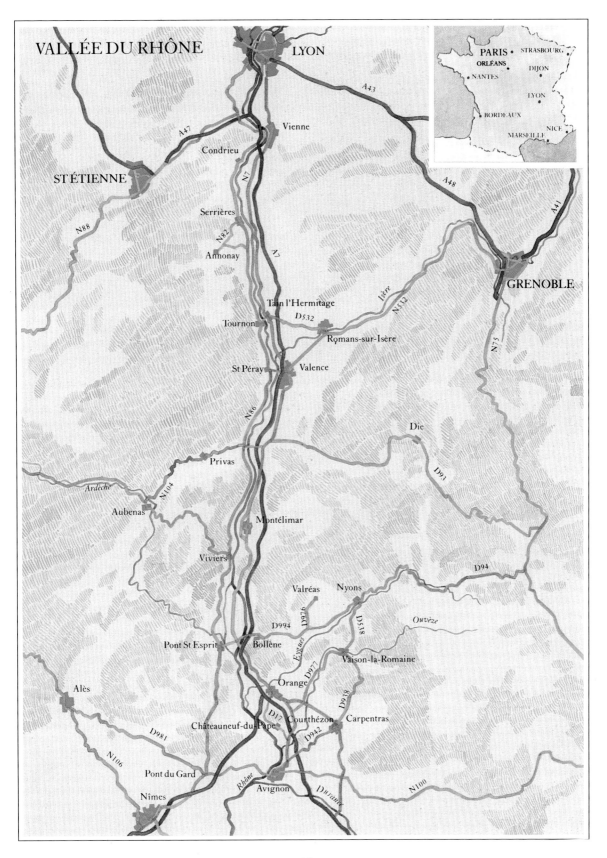

de Boiseaumarié, les meilleurs viticulteurs fondèrent une association de défense. Ils furent les précurseurs de la législation sur les appellations d'origine contrôlée (AOC) et le baron Le Roy eut l'honneur rarissime d'avoir sa statue érigée de son vivant.

Les premières AOC datent de 1936 : Châteauneuf-du-Pape, Tavel, Château-Grillet et Saint-Péray. Elles furent suivies d'Hermitage et Côtes du Rhône (1937), Cornas (1938), Côtes-Rôtie et Condrieu (1940). D'autres appellations ne furent attribuées qu'après la guerre, comme par exemple Lirac (1947), Saint-Joseph (1956), Gigondas (1971).

Les vignobles des Côtes du Rhône se suivent presque sans interruption, tantôt sur une rive, tantôt sur l'autre, tantôt sur les deux. Dans les Côtes du Rhône septentrionales, les pentes sont si escarpées que la route (et le rail) suivent aussi le cours du fleuve, ce qui rend la visite des appellations relativement facile. Dans les Côtes du Rhône méridionales, le terrain est moins accidenté et les vignobles s'étendent beaucoup plus loin à l'ouest et, surtout, à l'est. Entre les deux, une zone de 50 km ne compte aucun vignoble bénéficiant d'une appellation contrôlée.

Pour explorer les Côtes du Rhône du nord au sud, quittez Lyon par l'autoroute A 7 et prenez la première sortie après Vienne (Ampuis) et suivez la N 86. C'est ici que la vallée est la plus étroite. Le vignoble en terrasses de Côte-Rôtie domine la route qui conduit à l'enclave des vins blancs de Condrieu et Château-Grillet. Peut-être pourrez-vous acheter quelques bouteilles du premier à Condrieu. Si vous voulez goûter le second, arrêtez-vous pour déjeuner à l'excellente table de l'hôtel Beau Rivage auquel les deux tiers de la production annuelle d'environ 10 000 bouteilles sont réservés. Vous n'aurez guère l'occasion d'en trouver ailleurs, sinon à la Pyramide, à Vienne.

Le vignoble de Saint-Joseph fait suite à celui de Condrieu. On y produit d'excellents vins rouges et blancs, plus souples que ceux du légendaire vignoble d'Hermitage, sur l'autre rive, enclavé dans celui de Crozes-Hermitage.

Les deux dernières appellations des Côtes du Rhône septentrionales sont Cornas et Saint-Péray, l'une et l'autre sur la rive gauche, presque en face de Valence. La première ne produit que du rouge. C'est un vin qui, s'il est vinifié de manière traditionnelle, est corpulent, solidement charpenté et habillé d'une robe presque noire. La

seconde, contiguë, ne produit que du blanc. Celui qu'aimait Wagner était un vin tranquille, mais aujourd'hui, quatre bouteilles sur cinq contiennent un blanc de blancs effervescent.

Ensuite, mis à part quelques vignobles des deux rives ayant droit à l'appellation régionale, on traverse un no man's land vinicole de 50 km.

Les Côtes du Rhône méridionales commencent au sud de Montélimar. Les collines escarpées et les vergers sont remplacés par les bois d'oliviers, les champs de lavande, les paysages rocailleux balayés par le mistral. Il ne fait pas de doute que l'on est parvenu dans le Midi.

La première appellation, sur la rive gauche, Coteaux du Tricastin, promue AOC en 1973, produit surtout un rouge souple à boire jeune. En continuant à descendre vers le sud, la prochaine ville importante après Bollène est Orange, qui serait bien située comme base d'exploration des vignobles qui s'étendent sur une vaste région, sinon que la circulation y est difficile et le bruit épouvantable. Un hôtel tranquille dans un des villages proches serait un bien meilleur choix.

La région des Côtes du Rhône méridionales présente une grande variété de paysages et de sols. Le Gard, sur la rive gauche, est rocheux et dénudé. On y trouve, sur la hauteur, les appellations Tavel, où l'on ne fait que du rosé, mais un des meilleurs de France, et Lirac, qui jouxte la précédente, où l'on fait du rouge, du rosé et un peu de blanc. Les vignobles du Vaucluse, sur l'autre rive, autour de Vacqueyras, Sablet, Séguret et Cairanne, sont cultivés sur des pentes plus douces de sable, d'argile et de cailloux. De Séguret, quand il fait beau, on jouit d'une splendide vue panoramique. Les vignobles de la commune voisine, Gigondas, qui jouit d'une AOC à part entière, couvrent les coteaux au pied des Dentelles de Montmirail, paradis des varappeurs.

On redescend sur la N 7 que l'on quitte à Courthézon pour atteindre, par de petites routes, Châteauneuf-du-Pape – dominé par les ruines du château que l'on voit de loin – qui donne son nom au vin le plus célèbre des Côtes du Rhône méridionales. Une grande partie des vignes, très espacées, sont plantées dans une mer de cailloux qui jouent le rôle d'accumulateur thermique, rendant la nuit la chaleur emmagasinée pendant le jour, ce qui concourt puissamment au mûrissement du raisin.

Au sud d'Avignon, après le Vin de Pays de la Petite Crau, les terres alluviales du delta du Rhône ne conviennent pas à la culture de la vigne.

Le Muscat à Petits Grains se plaît bien dans le climat
aride de Beaumes-de-Venise.

VITICULTURE
CONDUITE DE LA VIGNE

La vallée du Rhône offre quantité de vins de qualité et un choix incomparable de styles différents. La composition du sol diffère souvent d'une appellation à l'autre et même à l'intérieur de certaines appellations. Il y a aussi un large éventail de cépages. Certains ont été apportés par les Grecs, mais nous devons la plupart aux Romains, tandis que plusieurs viennent d'Espagne.

Les conditions climatiques sont aussi différentes entre les vignobles du nord et du sud que le sont les facteurs géographiques et géologiques. La latitude des Côtes du Rhône septentrionales, du sud de Lyon au sud de Valence, est suffisamment élevée pour que le printemps soit tempéré et l'été chaud. Les collines de Côte-Rôtie et d'Hermitage sont parfaitement alignées, respectivement au sud-est et au sud-ouest, si bien que leurs vignobles sont ensoleillés de l'aube au crépuscule. Une chaleur supplémentaire est diffusée par les murets des terrasses. S'il pleut trop au printemps, cela peut compromettre la floraison, et si le temps se gâte trop tôt en automne, le millésime risque d'être médiocre. La vigne souffre parfois des gelées printanières, mais pas à la même échelle que dans les vignobles situés plus au nord. Pendant l'été, les orages de grêle représentent une menace redoutable. Difficiles à prévoir et presque impossibles à éviter, ils peuvent détruire un vignoble en quelques instants.

Les Côtes du Rhône méridionales, qui s'étendent du sud de Montélimar au sud d'Avignon, bénéficient d'un climat nettement méditerranéen, dominé par le mistral qui descend des montagnes du nord-ouest. Ce vent a une grande importance dans la vie du sud de la vallée du Rhône et de la Provence. Il souffle 300 jours par an et les fenêtres ou les portes mal fermées ne résistent pas à ce vent froid et sec qui peut être violent au point de renverser, paraît-il des voitures. Une ancienne loi stipulait qu'un meurtrier pouvait ne pas être passible de la peine capitale si le mistral avait soufflé continuellement pendant neuf jours ou davantage. Pour la vigne, en revanche, il est bénéfique car il apporte un temps clair et sec tout en interdisant aux insectes et autres nuisibles de se fixer définitivement dans le

vignoble. Toutefois, on plante des rangées de cyprès pour en atténuer la violence. On peut remarquer en parcourant le vignoble que la plupart des vignes des Côtes du Rhône méridionales, exposées depuis toujours au mistral, sont inclinées vers le sud.

Les pluies sont irrégulières, tantôt fines, tantôt torrentielles. Elles tombent au début du printemps et à la fin de l'automne et sont séparées par une longue période de temps stable, clair et sec. L'hiver est relativement tempéré avec un beau ciel bleu et les pommiers sont souvent en fleurs en février déjà. Les pluies sont souvent accompagnées par le sirocco, un vent chaud qui souffle du sud-est par-dessus la Méditerranée. À la fin de l'été, cette combinaison peut favoriser la pourriture et les maladies cryptogamiques.

Le climat de la vallée du Rhône étant favorable à la vigne, on peut se demander pourquoi les vignobles ne sont pas plus abondants, notamment dans le no man's land entre les Côtes septentrionales et méridionales. Dans les *Géorgiques*, Virgile observe que la vigne aime les collines dégagées. En terrain plat proche d'un plan ou d'un cours d'eau, des poches d'air froid peuvent se former, qui favorisent la formation des brouillards matinaux et les gelées printanières. À trop haute altitude, la température moyenne pourrait être insuffisante pour assurer un mûrissement parfait du raisin.

Un bon drainage est d'une importance capitale : la vigne ne supporte pas d'avoir «les pieds dans l'eau» (d'où l'importance de la colline de Virgile). Sa perfection dépend de la pente et de la nature du sol. Une bonne orientation est aussi un facteur de qualité : la meilleure est sud-est ou sud-ouest afin que la vigne jouisse du meilleur ensoleillement possible. Les vignobles de coteau, qui bénéficient d'une bonne circulation de l'air, sont moins exposés aux risques de gel, de brouillard, de pourriture et de maladie.

Les meilleurs vignobles des Côtes du Rhône septentrionales ont un sous-sol granitique qui permet un excellent drainage et encourage les racines à s'enfoncer profondément dans le sol. Cette formation rocheuse est dans le prolongement des

Nombre de vignerons préfèrent brûler les sarments
morts sur place, d'autant plus qu'il peut faire
froid dans le vignoble en hiver.

montagnes du Massif Central qui s'élèvent à l'ouest de Tournon. La colline d'Hermitage, sur la rive gauche, en faisait partie jusqu'à ce que le Rhône modifie son cours, il y a des milliers d'années. Ce sous-sol est recouvert d'une couche mince dont la composition varie : calcaire, graveleux ou siliceux à Hermitage, calcaire à Côte-Rôtie, riche en mica à Condrieu. Dans tous les cas, la couche superficielle est érodée par la pluie et il faut la remonter dans le vignoble chaque année. Ce travail considérable, qui ne peut être mécanisé, explique pourquoi certains des meilleurs emplacements, les plus abrupts, ont été abandonnés.

L'érosion n'est plus un facteur important dans les vignobles des Côtes du Rhône méridionales, cultivés sur des terrains plus plats. Ici, la nature des sols est plus variée. À Châteauneuf-du-Pape, les glaciers alpins du pliocène ont laissé, en se reti-rant, de gros cailloux roulés quartzeux sur un sol soit rouge, riche en fer, soit sableux, soit calcaire ou même argileux par endroits. Le sol et le sous-sol assurent un excellent drainage, le mistral contribuant à éliminer l'humidité. Le rendement est assez bas, ce qui améliore la concentration du raisin et son mûrissement est encouragé par les grosses pierres qui absorbent la chaleur pendant la journée et la restituent pendant la nuit. Les ouvriers agricoles haïssent ces pierres qui endommagent les machines, mais elles contribuent encore à augmenter la qualité et la richesse saccharine du raisin, partant la teneur alcoolique du vin.

Dans les autres vignobles méridionaux, les sols sont très variés et consistent en une combinaison de calcaire, de sable, de grès, de gravier, de pierres et de garrigues rocheuses. Les meilleurs emplacements sont sur les pentes douces bien drainées comme à Gigondas, les sols pauvres et cailouteux de Tavel, les reliefs collinaires de Sablet et Rasteau.

Dans la vallée du Rhône, comme ailleurs, certains sols conviennent mieux à certains cépages. Quand les sols sont de nature très variée (notamment dans les vignobles méridionaux), on cultive un large éventail de cépages. Ainsi, dans l'encépagement de l'appellation régionale Côtes-du-Rhône, on trouve une dizaine de cépages rouges et autant de cépages blancs.

Les cépages blancs, comme les rouges, se plaisent dans la vallée du Rhône, mais il est rare de trouver un site convenant également bien aux uns et aux autres. Le principal cépage des vignobles septentrionaux est la Syrah. Il faut noter que ce cépage a émigré, sous le nom de Shiraz, jusqu'en Australie (où elle compte pour 40 % du vignoble complanté en cépages rouges) et en Afrique du Sud, ainsi qu'en Argentine.

Seul cépage rouge des vignobles prestigieux des Côtes du Rhône septentrionales, la Syrah est aussi cultivée dans les vignobles méridionaux où elle apporte aux vins vinosité, couleur, parfum et tanin. Mais le cépage dominant est le Grenache, qui peut donner des vins vigoureux, capiteux et très alcooliques. Très sensible à la coulure (mauvaise fécondation due au froid), il n'est pas autorisé dans les vignobles septentrionaux.

Pour la production du prestigieux Châteauneuf-du-Pape rouge, on peut associer jusqu'à treize cépages différents, six rouges en plus du Grenache et de la Syrah et cinq blancs. Bien que peu de viticulteurs les cultivent tous, la plupart estiment que même les cépages mineurs ont un rôle à jouer, ce qui justifie leur inclusion dans leur vignoble.

Dans les autres vignobles méridionaux, le cépage dominant est le Grenache, assisté principalement par la Syrah, le Cinsault et le Mourvèdre, suivant la nature du sol et le choix du viticulteur. On trouve aussi, entre autres, l'ignoble Carignan (abondant en Provence et dans le Languedoc-Roussillon), mais sa présence dans l'encépagement des Côtes est découragée et il est interdit pour le Châteauneuf-du-Pape.

De nombreux cépages blancs, dont les principaux sont la Clairette, la Marsanne et le Bourboulenc, sont cultivés dans les vignobles méridionaux, bien que la production de vin blanc soit peu abondante.

La Roussanne – autorisée dans l'encépagement du Châteauneuf-du-Pape – et la Marsanne – qui ne l'est pas – sont les deux cépages blancs principaux dans les vignobles septentrionaux.

Le troisième est le Viognier, qui n'existe pour ainsi dire pas ailleurs, qui est très capricieux et dont le rendement est extrêmement faible. On le trouve sur les collines de Condrieu, dans le petit vignoble de Château-Grillet ainsi que dans celui de Côte-Rôtie, appellation dont le vin (rouge), comme le Châteauneuf-du-Pape rouge, peut comprendre une proportion de cépage blanc.

La vigne doit être conduite selon une méthode qui permet de la cultiver et de la vendanger facilement. Il faut aussi la tailler pour favoriser la croissance du raisin au détriment de celle des feuilles et aussi pour limiter le rendement afin d'obtenir un raisin de qualité suffisante. Les règlements de l'appellation d'origine contrôlée spécifient un rendement maximum pour chaque appellation – plus il est bas, meilleur est le vin. Par exemple, il est fixé à 30 et 35 hl/ha (rarement atteints) pour le Condrieu et le Côte-Rôtie respectivement, tandis que celui du Côtes-du-Rhône (appellation régionale) est de 50 hl/ha. Il faut noter que le rendement maximum peut être augmenté si la vendange est abondante et de bonne qualité, la tolérance étant de 20 %.

Dans les vignobles méridionaux, la Syrah est palissée sur fils de fer afin de faciliter son aération, ce qui diminue le risque de pourriture, et pour soutenir ses rameaux, fragiles, qui pourraient être brisés par le mistral. Tous les autres cépages de ces vignobles sont conduits en gobelet afin que le raisin, qui pousse ainsi près du sol, puisse bénéficier au mieux de la chaleur rayonnée par les pierres. Malheureusement pour la qualité, la mécanisation des vendanges exige des grappes soigneusement orientées, ce que la taille en gobelet ne permet pas. En conséquence, on a adopté la taille Guyot – la vigne étant palissée sur fils de fer – dans de nombreux vignobles.

Ni la vendange mécanique, ni même le palissage sur fils de fer ne sont possibles dans les vignobles en forte pente des vignobles septentrionaux. La vendange est obligatoirement manuelle et la taille en gobelet n'est utilisée que pour le seul Viognier. La Syrah, la Marsanne et la Roussanne sont taillées en gobelet. Pourtant, à Côte-Rôtie, les pentes sont si abruptes qu'il faut grouper trois ceps, palissés en pyramide sur trois grands échalas : c'est la « taille de Côte-Rôtie ».

SYRAH

GRENACHE

VIOGNIER

CÉPAGES ROUGES

Syrah Cépage robuste qui se plaît dans les climats chauds, sur des sites bien exposés, de préférence sur des sols rocailleux ou granitiques. Grappes de taille moyenne; petites baies ovoïdes, noir bleuté; peau fine, mais assez solide, ce qui donne une bonne résistance aux maladies. S'il fait mauvais temps à l'époque de la floraison, il y a risque de coulure. Avec un rendement faible (de l'ordre de 30 hl/ha), le vin issu de la Syrah est fortement coloré, très bouqueté et riche en tanin. Jeune, il évoque la mûre et le cassis, à maturité la violette et le bois de cèdre. Sa richesse en tanin et en extraits, ainsi que sa bonne acidité, lui donnent une excellente longévité.

Grenache Le Grenache est originaire d'Espagne, où il porte le nom de *Garnacha*. Il se plaît sur les sols secs et rocailleux et déploie toutes ses qualités sur le sol couvert de cailloux de Châteauneuf-du-Pape. Il convient mieux aux climats chauds et très chauds car il mûrit tard et est sensible aux gelées printanières. Les baies sont pourpre violacé et la peau assez épaisse. Sujet à la pourriture grise, le Grenache craint le temps pluvieux, mais celui-ci est rare dans la vallée du Rhône. Il donne un vin peu coloré à moins que le rendement ne soit strictement limité, ce qui permet d'obtenir un vin plus concentré à la belle couleur rouge mordoré, très alcoolique – jusqu'à 15° les bonnes années –, évoquant la framboise, mais quelque peu herbacé. S'oxydant facilement, il est généralement associé à d'autres cépages.

Cinsault Cépage à grandes grappes et grosses baies, le Cinsault donne un vin bien coloré, peu tannique, très fruité, qui apporte de la souplesse et de la finesse aux cépages avec lesquels on l'associe toujours.

Mourvèdre Cépage à grappes moyennes et petites baies sphériques et noires, le Mourvèdre réussit bien en climat chaud sur des pentes au sol relativement riche où il donne un vin coloré, très tannique, bien charpenté avec un arôme épicé.

CÉPAGES BLANCS

Viognier Ce cépage, particulièrement difficile à cultiver, n'existe pour ainsi dire pas en dehors des Côtes du Rhône septentrionales. Il a de petites baies blanc ambré à la peau épaisse. Il donne un vin généreux à la robe dorée et aux arômes complexes qui évoque l'abricot et la pêche pour certains, la violette et les épices pour d'autres.

Le rendement moyen est faible – moins de 20 hl/ha – et peut tomber beaucoup plus bas, même dans des conditions météorologiques favorables. En revanche, sa longévité est exceptionnelle, jusqu'à 70 ans, ce qui est le double de celle des autres cépages nobles. Cépage unique du Condrieu et du Château-Grillet, qui se boivent jeunes, il est associé à la Syrah dans le Côte-Rôtie (rouge).

Marsanne Autrefois rarement cultivée sans la Roussanne, elle l'a presque partout supplantée dans le vignoble en raison de son meilleur rendement, bien que son vin soit peu acide et manque de finesse.

Roussanne Cépage noble, autrefois associé à la Marsanne, elle donne un vin fin et bouqueté évoquant la noisette, le café, le miel et les fleurs des champs.

L'ANNÉE DANS LE VIGNOBLE

Dans son vignoble, le vigneron répète inlassablement les mêmes gestes année après année. Quand la vendange est achevée, il ramasse les feuilles mortes et arrache les ceps morts. Pendant les mois d'hiver, qu'il pleuve, qu'il neige ou qu'il gèle, il remplace les échalas, les pieux et les fils de fer endommagés et élimine les sarments morts.

La taille a lieu normalement de décembre à février, toutefois si le temps promet d'être doux en février, il est prudent de l'achever plus tôt, avant la première montée de sève : les coupes effectuées trop tard se cicatrisent difficilement. En février, il n'est pas rare que les restaurants proches des vignobles proposent de délicieuses grillades au feu de sarments.

En mars, le vigneron plante les nouvelles vignes et laboure pour aérer la terre. C'est à ce moment qu'apparaissent les premiers bourgeons. Dans la vallée du Rhône, il n'est pas fréquent qu'ils souffrent de gelées printanières. Ensuite, il pourra pulvériser du soufre pour prévenir le développement de l'oïdium, champignon microscopique qui attaque les rameaux, puis le feuillage et enfin les grains, qui finissent par éclater.

Juin est critique, car c'est l'époque de la floraison, puis de la fécondation croisée par pollinisation (les fleurs de la vigne sont en général hermaphrodites). La fécondation ne se fait bien que par temps sec et chaud : la pluie serait désastreuse car elle risquerait d'entraîner une grande partie du pollen et d'abaisser la température, ce qui provoquerait la *coulure* (chute des fleurs et des jeunes fruits). Le Grenache est particulièrement sensible à la coulure. Il est évident qu'après la floraison et la fécondation, on peut évaluer l'importance de la récolte à venir. Il est toutefois impossible de prévoir sa qualité, celle-ci dépendant étroitement des conditions météorologiques pendant les dernières semaines avant la vendange.

Celle-ci peut être irrémédiablement compromise à tout instant par la grêle que l'on ne sait pas combattre efficacement : le vigneron ne peut qu'espérer qu'elle ne tombera pas et ne pas oublier de contracter une assurance. La vigne est aussi constamment menacée par des insectes et des maladies cryptogamiques, ces dernières n'étant heureusement pas fréquentes dans la vallée du Rhône grâce à l'action desséchante du mistral. Pour limiter les risques, le vigneron procède à des pulvérisations de produits chimiques, notamment à base de cuivre, et de produits organiques de synthèse.

Il applique régulièrement ces traitements insecticides et fongicides de juin à août. Pendant la même période, il élimine au moyen d'un herbicide ou grâce au binage les mauvaises herbes qui envahissent le vignoble.

Les petites baies vertes et dures du raisin grossissent graduellement au fur et à mesure que la pulpe se forme et s'enrichit, surtout en substances acides, puis arrive la véraison, c'est-à-dire le changement de couleur des grains du raisin, restés verts jusqu'alors. Ceux des cépages rouges deviennent bleu-noir, ceux des cépages blancs, translucides et jaunâtres. Les pulvérisations cessent et les grains recommencent à grossir en accumulant du sucre tandis que l'acidité diminue – c'est la maturation, qui dure trois ou quatre semaines. Le vigneron laisse la nature faire tout le travail : il se borne à espérer que le temps sera chaud, sec et ensoleillé car un temps froid empêcherait le raisin de mûrir suffisamment et la pluie risquerait de diminuer la concentration, ce qui donnerait un vin mince et dilué. Pire encore, l'humidité pourrait provoquer la pourriture grise (une autre maladie cryptogamique).

Dans la vallée du Rhône, les cépages blancs sont vendangés au cours de septembre (sauf le Viognier pour lequel on attend octobre), les cépages rouges vers la fin septembre. Dans les vignobles septentrionaux, les pentes escarpées obligent à vendanger à la main. On commence à pratiquer la vendange mécanique dans les grands vignobles, plus plats, des Côtes du Rhône. Le Châteauneuf-du-Pape est généralement vendangé à la main, la réglementation de l'appellation obligeant à trier la vendange.

La date choisie a une très grande influence sur la qualité du vin. Pour les vins rouges, un mûrissement parfait est souhaitable pour obtenir couleur, saveur, arômes et corpulence; pour les vins blancs, il est nécessaire de vendanger un raisin ayant conservé suffisamment d'acidité afin d'éviter la mollesse qui caractérise trop de vins méditerranéens.

VINIFICATION
L'ÉLABORATION DU VIN

L'art d'élaborer le vin est connu depuis quelque 12 000 ans. Les premières tentatives de fermentation du jus de raisin ont très probablement donné du vin, certes, mais vite oxydé, puis piqué (commençant à se transformer en vinaigre) car exposé à l'air. De nos jours, la vinification ne doit plus rien au hasard car celui qui élabore le vin bénéficie de l'expérience d'innombrables générations, soutenue par la connaissance des méthodes et de la technologie modernes.

Il est évident que l'on ne peut faire de bon vin qu'avec du raisin de bonne qualité. En revanche, un raisin excellent n'engendrera pas forcément un bon vin : pour l'obtenir, il est indispensable que le raisin soit manipulé soigneusement pendant et après la vendange, qu'il soit convenablement vinifié et que l'hygiène du chais soit correcte.

VINIFICATION EN BLANC

Le problème le plus important lié à l'élaboration du vin blanc dans une région aussi méridionale, donc aussi chaude, que la vallée du Rhône est la préservation du fruit, de la fraîcheur et de l'acidité. On y réussit avec une vendange précoce, mais des précautions s'imposent avant et pendant la vinification afin de prévenir l'oxydation. Il est donc vital que le moût (jus du raisin) soit maintenu à une température suffisamment basse.

Le raisin (foulé et égrappé ou non) est pressuré – généralement dans un pressoir horizontal – aussi vite que possible après la vendange. On obtient un liquide brun peu appétissant qu'il faut débourber par décantation, ce qui demande 24 heures, ou par centrifugation. Il faut aussi le protéger de l'oxydation par addition d'une petite dose d'anhydride sulfureux : c'est le *sulfitage*, qui inhibe aussi les bactéries lactiques, indésirables à cette étape de la vinification.

Le moût est ensuite pompé dans la cuve de vinification où les levures naturelles du raisin ou, le plus souvent, des levures sélectionnées dont on l'a ensemencé, commencent à transformer le sucre du raisin en alcool. Pour ne pas compromettre la fraîcheur du vin, il faut contrôler la température de fermentation. Celle-ci ne doit pas dépasser 20° si l'on désire conserver au vin sa vivacité. Certains vinificateurs préfèrent la fermentation à basse température (15 à 18°). Si la température est trop basse, le vin conserve tout son fruit, mais les arômes se déploient mal. Si elle est trop élevée, on risque des pertes aromatiques et l'oxydation. Seules les cuves modernes, en acier inoxydable, permettent un contrôle efficace de la température de fermentation par ruissellement. Ce procédé n'est pas applicable aux cuves en ciment (ni aux barriques), dont l'inertie thermique est grande. Dans ce cas on refroidit le liquide en le faisant passer dans un échangeur. L'acier inoxydable présente aussi l'avantage d'un nettoyage facile, ce qui permet une hygiène parfaite.

La fermentation dure de dix à quinze jours (jusqu'à un mois à basse température). Quand elle est terminée, les levures mortes tombent au fond de la cuve. On procède alors au soutirage (transfert dans une autre cuve) pour séparer le vin de ses lies.

Les vins blancs de la vallée du Rhône sont embouteillés jeunes à l'exception du Château-Grillet et de l'Hermitage. Le premier est élevé en barriques de chêne pendant 18 mois ; le second en cuves ou en barriques de 14 à 18 mois. Pendant cette période, le vin est soutiré plusieurs fois afin de le séparer de son dépôt et l'aérer ; les barriques sont ouillées, c'est-à-dire que le liquide perdu par évaporation est remplacé (par le même vin). Ce long élevage provoque des modifications aromatiques et, quand le vin est logé en barriques, lui donne une saveur plus ou moins boisée selon l'âge des barriques et la proportion de bois neuf.

Deux autres phénomènes se produisent pendant l'élevage : au printemps a lieu une seconde fermentation, dite malolactique, qui diminue l'acidité ; l'hiver suivant, sous l'effet du froid, le bitartrate précipite, ce qui accroît la souplesse du vin et prévient la formation ultérieure de cristaux d'acide tartrique.

Les autres vins blancs ne sont pas élevés dans le bois et le vinificateur peut choisir, en fonction de l'acidité du vin et du style désiré, d'interdire – par sulfitage – ou de provoquer la fermentation malolactique. Dans le premier cas, le fruité du cépage et la fraîcheur du vin sont préservés ; dans le second, les arômes de fermentation sont exaltés et le vin, moins acide, gagne en souplesse. Avant leur embouteillage, qui a lieu au printemps, ces vins peuvent être maintenus pendant quelques jours à une température très basse pour précipiter l'acide tartrique.

Aussitôt avant leur mise en bouteilles, les vins sont *collés* (clarifiés) par adjonction d'un produit coagulant, colle de poisson, caséine, blanc d'œuf ou autre, qui entraîne les impuretés par sédimentation, puis filtrés à travers des plaques plus ou moins fines, ce qui assure leur brillance.

VINIFICATION EN ROUGE

Presque tous les cépages rouges, ceux de la vallée du Rhône comme les autres, donnent un jus blanc. C'est pourquoi il est possible de tirer un vin blanc d'un cépage rouge – c'est le cas du Champagne, sauf le «blanc de blancs» –, mais pas un vin rouge d'un cépage blanc. Pour les vins blancs, seul le jus du raisin est soumis à la fermentation, mais pour les rouges, le jus et les parties solides macèrent et fermentent ensemble, afin d'extraire de la peau du raisin la couleur ainsi que le tanin et les composés aromatiques, qui lui donnent son caractère.

La méthode traditionnelle consiste à fouler le raisin dès son arrivée dans la cave puis à le pomper dans la cuve de fermentation après sulfitage et, éventuellement, ensemencement avec des levures sélectionnées (*voir* plus haut). Certains vinificateurs préfèrent égrapper le raisin pour obtenir un vin moins astringent. C'est indispensables pour certains cépages, comme le Carignan, dont la rafle communique au vin un goût herbacé désagréable.

Les vins rouges exigeant une meilleure extraction des arômes volatils et n'ayant pas besoin de la fraîcheur essentielle aux blancs, la fermentation est conduite à plus haute température (entre 20 et 30°), ce qui améliore aussi l'extraction de la couleur et du tanin – s'il fait très chaud, il sera néanmoins nécessaire de refroidir la cuve. Entraînées par le gaz carbonique produit par la fermentation, les parties solides remontent à la surface où elles forment ce qu'on appelle le *chapeau*. Afin de faciliter l'extraction, on l'enfonce à intervalles réguliers – c'est le *pigeage* – ou on l'arrose avec le liquide prélevé en bas de la cuve – c'est le *remontage*. La fermentation peut durer deux semaines ou même davantage. Quand elle est achevée, le vinificateur vide la cuve d'où s'écoule le *vin de goutte*. Le marc

est ensuite retiré de la cuve et pressuré. Il en sort le *vin de presse*, très coloré et très tannique, moins fin que le vin de goutte. Le vinificateur peut en assembler, à sa discrétion, une partie avec celui-ci.

Le vin est ensuite élevé dans des barriques de chêne pendant quinze mois ou davantage au cours desquels il est soutiré et ouillé à intervalles réguliers. Finalement, il est collé comme le vin blanc avant la mise en bouteilles.

Cette méthode donne des vins concentrés, très colorés et très tanniques, qui peuvent exiger plusieurs années de bouteille avant d'atteindre leur apogée. Elle convient donc bien aux vins de garde de grande qualité que les œnophiles sont prêts à payer à leur juste prix. Mais qu'en est-il des vins meilleur marché ne possédant pas une qualité suffisante pour se bonifier au vieillissement?

Les modernistes assurent que le consommateur apprécie les vins bien colorés et très fruités, mais qu'ils ne désirent pas l'astringence due au tanin. Des facteurs économiques encouragent aussi la production de vins pouvant être bus, donc vendus, plus rapidement. Trois méthodes sont utilisées pour ce faire ;

La *macération carbonique* – popularisée par le Beaujolais nouveau – consiste à placer le raisin entier, non égrappé et non foulé, dans une cuve de vinification fermée, saturée de gaz carbonique : sans oxygène, la fermentation normale est impossible. En revanche, il se produit une fermentation à l'intérieur de chaque grain avec production de substances aromatiques. L'extraction de couleur est forte, mais celle du tanin est faible. Quand on a obtenu suffisamment de couleur, l'oxygène est admis dans la cuve et la fermentation se poursuit. Les vins obtenus ont de la souplesse, une belle couleur pourpre, beaucoup de fruit, un bouquet exubérant et doivent être bus rapidement, leur longévité ne dépassant pas trois ou quatre ans.

On utilise plus volontiers dans les vignobles méridionaux la *macération semi-carbonique*, variante de la précédente. Il s'agit également d'une vinification de grains entiers en cuve close, mais le gaz carbonique ne provient que de la fermentation des grains écrasés dans le bas de la cuve par le poids du raisin. Les adeptes de ce procédé assurent qu'il cumule les avantages des deux méthodes. Il permet d'obtenir un vin fruité, bouqueté, avec suffisamment de tanin pour lui donner une certaine aptitude au vieillissement. Des viticulteurs comme Guy Steinmaier à Saint-Gervais (Côtes du Rhône-Villages, Domaine Sainte-Anne) et M. Mejan à

Le vinificateur doit régulièrement soutirer le vin élevé en fûts
et le goûter fréquemment pour surveiller son évolution.

Lirac, en tirent le meilleur parti possible. On peut aussi assembler des vins obtenus par la vinification traditionnelle et celle de grains entiers pour associer les qualités de l'une et de l'autre, comme dans le Châteauneuf-du-Pape du Domaine de Beaurenard.

La troisième méthode est la *thermovinification* de raisin foulé ou non. La vendange est pompée dans un échangeur chauffé à la vapeur à une température de 70 à 90°. L'extraction de la couleur est très importante, mais pas celle du tanin qui exige la présence d'alcool. Après refroidissement, le raisin est pressuré, la fermentation est menée à une température de l'ordre de 20°, comme pour la vinification en blanc, puis le vin est élevé normalement. Ce procédé, qui ne nécessite pas l'apport d'anhydride sulfureux et qui peut donner des résultats désastreux s'il est mal maîtrisé, est utilisé avec succès depuis de nombreuses années pour le Châteauneuf-du-Pape Château de Beaucastel, élevé en barriques de chêne et non filtré.

VINIFICATION EN ROSÉ

On n'élabore de rosé que dans les Côtes du Rhône

23

méridionales où il est toujours vinifié en sec. Ce vin est issu de raisin noir auquel peut être ajouté un peu de raisin blanc (*voir* par exemple le Tavel, page 62).

Il existe deux styles. Le premier est le *rosé de pressurage*, peu coloré, qui est vinifié comme un vin blanc, sinon que l'on procède à une seconde presse afin d'extraire un peu de couleur des peaux, un début de fermentation dans le marc rendant possible la dissolution des pigments par l'alcool. Le second est le *rosé de saignée*, qui est d'abord élaboré comme un vin rouge, sinon que la macération est interrompue après quelques heures, aussitôt que la couleur désirée a été obtenue. La suite de la vinification est conduite comme celle d'un vin blanc. Les meilleurs rosés sont obtenus par ce procédé. De manière générale, on évite la fermentation malolactique afin de préserver le fruité et la fraîcheur.

ÉLABORATION DES MOUSSEUX

La production des mousseux, comparativement peu importante dans la vallée du Rhône, est principalement concentrée dans deux appellations : Saint-Péray et Clairette de Die. Le Saint-Péray et la Clairette de Die *Brut* sont élaborés avec un vin blanc sec vinifié normalement, rendu effervescent par la méthode de la seconde fermentation en bouteille, provoquée (comme pour le Champagne) par l'addition d'une liqueur sucrée ensemencée avec des levures. Cette fermentation produit du gaz carbonique qui, ne pouvant s'échapper, se dissout dans le vin, ce qui crée l'effervescence.

Les bouteilles sont stockées horizontalement de un à quatre ans avant d'être disposées, bouchon vers le bas, dans des pupitres où, par rotations successives, on fait glisser la lie de fermentation dans le col, opération nommée *remuage*. Après expulsion du dépôt (*dégorgement*), le niveau est rétabli avec du vin tranquille et la bouteille reçoit son bouchon définitif, son *muselet* (fil de fer retenant le bouchon) et son habillage.

La Clairette de Die *Tradition* est obtenue différemment, par la méthode dite rurale ou dioise. On utilise un vin tranquille dont la fermentation a été conduite lentement, à basse température, de manière qu'il contienne encore du sucre résiduel au moment de la mise en bouteilles, au mois de janvier. Il n'est ajouté ni liqueur sucrée ni levures : la fermentation se poursuit, le gaz carbonique résultant, emprisonné dans la bouteille, se dissout

dans le vin qui devient ainsi effervescent. Après un stockage obligatoire de neuf mois, les bouteilles sont ouvertes, le vin est filtré sous pression pour le clarifier et transféré dans d'autres bouteilles qui sont alors bouchées et habillées. Il reste dans le vin une certaine quantité de sucre non transformé en alcool, si bien que la Clairette de Die Tradition est un mousseux demi-sec.

Il est préférable de transporter la vendange dans de petits récipients
afin que le raisin ne s'écrase pas sous son propre poids.

ÉLABORATION
DES VINS DOUX NATURELS

On élabore du *Vin Doux Naturel* à Rasteau (appellation Côtes du Rhône-Villages) – issu exclusivement du Grenache rouge, rose, gris ou blanc – et à Beaumes-de-Venise (appellation Muscat de Beaumes-de-Venise) – issu exclusivement du Muscat Blanc à Petits Grains.

Seul du raisin parfaitement mûr, donc riche en sucre, est utilisé. La fermentation est menée lentement, à basse température, afin de préserver les arômes, et quand la teneur en sucre s'est abaissée au niveau désiré (minimum 110 g/l), on procède au *mutage*, c'est-à-dire à l'addition d'alcool neutre (5 à 10 % du volume) qui bloque la fermentation, en tuant les levures.

LES PRODUCTEURS

Les vignobles de la vallée du Rhône couvrent plus de 40 000 ha. Leur taille est très variable : le vignoble de Château-Grillet ne compte que 2,5 ha tandis que, par exemple, celui du Côtes du Rhône Château Malijay, près de Jonquières, en compte plus de 180.

La grande masse des consommateurs demande qu'on lui fournisse, sous une étiquette donnée, un vin dont la couleur et les caractéristiques gustatives restent inchangées année après année. Seuls les négociants, qui achètent puis assemblent des vins provenant de nombreux vignobles, peuvent répondre à cette attente.

Le viticulteur qui désire élaborer et mettre en bouteilles lui-même son vin devra acquérir le matériel indispensable – du pressoir aux cuves et à la ligne d'embouteillage –, ce qui représente un investissement disproportionné si son vignoble est trop petit.

Dans le cas où le viticulteur ne peut disposer de tout ou partie de ce matériel, plusieurs possibilités s'offrent à lui : il peut vendre son raisin aussitôt la vendange achevée ou le pressurer et céder le moût ou encore le vinifier lui-même et le vendre en vrac avant élevage ou même après.

De nombreux viticulteurs choisissent de signer des contrats à long terme avec des négociants qui s'engagent à acheter leur production chaque année, pour autant qu'elle réponde à des critères de qualité déterminés. D'autres préfèrent conserver la liberté de choisir chaque année leur acheteur. Rien n'interdit à un propriétaire-récoltant, à moins qu'il ne soit sous contrat, de vinifier, de mettre en bouteilles et de vendre lui-même ses meilleures cuvées et de céder le reste de sa production au négoce pour les vins d'assemblage.

Dans une région aussi vaste que la vallée du Rhône, les vignerons sont très nombreux. Tous ne sont pas en relation directe avec les négociants. À l'inverse, un négociant peut ne pas savoir quel vigneron élabore le type de vin dont il a besoin pour compléter un assemblage. C'est là qu'interviennent les courtiers : ils connaissent bien les viticulteurs, le style et la qualité de leur production, se chargent de la transmission des échantillons et négocient les contrats. Les courtiers, qui ne stoc-

kent pas eux-mêmes de vin, sont rémunérés à la commission. Ils sont nombreux dans la région et se chargent parfois de représenter, en sus des vignerons et des négociants, des caves coopératives.

Le viticulteur qui ne désire ni vinifier lui-même sa production ni la vendre au négoce peut adhérer à une coopérative. Créées dès les années vingt pour fournir aux viticulteurs n'ayant pas les moyens matériels ou les connaissances nécessaires à l'élaboration d'un vin de qualité suffisante, elles jouent aujourd'hui un rôle essentiel dans l'économie vinicole du sud de la France.

Elles se chargent de vinifier et de commercialiser, pour autant qu'elle réponde à certains critères de qualité, la vendange de leurs membres. Ceux-ci participent aux dépenses d'installation, d'entretien, de fonctionnement et de gestion et reçoivent en échange de leur production un prix convenu avant la vendange.

Généralement, les vins élaborés par une coopérative ne portent pas un nom de domaine, mais sont assemblés et vendus sous une étiquette comme « Les Producteurs réunis de... » ou « Union des Producteurs de... ».

LES NÉGOCIANTS

On trouve facilement des négociants auxquels on peut faire confiance dans les Côtes du Rhône septentrionales comme méridionales. La plupart commercialisent une gamme étendue de vins des deux régions, mais ils sont naturellement mieux placés pour ceux provenant de la région où ils sont installés. Par exemple, Paul Jaboulet Aîné à Tain-l'Hermitage, Delmas Frères à Saint-Jean-de-Muzols, près de Tournon et Guigal à Ampuis sont spécialisés dans les vins des vignobles septentrionaux, tandis que les Caves Bessac à l'Isle-sur-la-Sorgue et les Caves Saint-Pierre à Châteauneuf-du-Pape connaissent évidemment mieux le Gigondas et le Châteauneuf-du-Pape.

La grande force du négociant est qu'il est en mesure d'offrir des vins de qualité régulière et généralement d'un style donné. Étant donné le climat, les variations de qualité entre les millésimes, pour les vins de l'appellation régionale

Côtes-du-Rhône, sont généralement négligeables. Dans les rares cas où l'année est franchement médiocre, le négociant, qui a probablement en réserve du vin des millésimes précédents, peut jouer sur les assemblages et proposer un vin non millésimé de qualité constante.

Mais les manipulations des négociants ont aussi des conséquences négatives : les qualités et l'originalité d'un vin incontestablement excellent peuvent disparaître dans un assemblage. En outre, l'assemblage est un art difficile que tous ne maîtrisent pas et on ne doit pas ignorer que certains des vins de la vallée du Rhône les plus mauvais sont justement vendus par des négociants.

Même si le volume des affaires traitées permet au négociant de gérer plus économiquement son matériel et son personnel, le prix de ses vins sera relativement élevé en raison de l'investissement considérable nécessaire pour créer une maison de négoce, ainsi que des frais de promotion des ventes et de publicité.

LES PROPRIÉTAIRES-RÉCOLTANTS

Le propriétaire-récoltant, étant donné qu'il travaille généralement sur une plus petite échelle que le négociant, dispose de moins de moyens pour entretenir ou remplacer son matériel. En revanche, ne vinifiant que le raisin qu'il a lui-même cultivé, il peut offrir des vins moins anonymes, marqués par sa personnalité. Quiconque achète directement au producteur un vin qu'il n'a jamais goûté auparavant ressent un délicieux frisson d'anxiété. Une bouteille d'un prix modeste peut contenir un vin absolument délicieux. Pourtant, il ne faut pas penser que les vins de propriétaires-récoltants sont systématiquement meilleurs que ceux proposés par les négociants. Tout est question de flair et d'expérience.

Contrairement au négociant, le propriétaire-récoltant ne dispose pas d'une quantité illimitée de vin. Quand il l'a tout vendu, il ne peut reconstituer son stock avant l'année suivante. Plus la production d'un domaine est réputée, plus il est difficile de se procurer de son vin. Dans les cas extrêmes – comme par exemple l'Hermitage La Chapelle de Paul Jaboulet Aîné, un des vins les plus recherchés au monde –, il est positivement rationné, les clients fidèles exigeant même plus que leur part habituelle quand le millésime est exceptionnel. Si vous avez la chance de pouvoir vous en procurer dans ces circonstances, ne la laissez échapper à aucun prix.

François Perrin, l'heureux propriétaire du Châteauneuf-du-Pape Château de Beaucastel.

LES COOPÉRATIVES

On trouve peu de coopératives dans les Côtes du Rhône septentrionales. La seule bien connue est celle de Tain-l'Hermitage. Dans la région méridionale, presque chaque commune viticole possède sa coopérative.

L'objectif des coopératives, qui sont gérées avec le minimum de frais généraux, est d'offrir à leur juste prix, sur un marché capricieux, des vins représentatifs de leur appellation. De manière générale, un Côtes du Rhône de coopérative est meilleur marché que le meilleur vin de négociant de la même appellation.

De nombreuses coopératives sont encore sous-équipées, mais d'autres ont un matériel moderne. Tel est le cas de la coopérative de Villedieu, dans le Vaucluse, qui a non seulement investi dans l'équipement, mais encore dans un personnel très qualifié pour la vinification et la promotion des ventes à l'échelon international. Une grande quantité de vin est encore destinée à la consommation locale et aux clients de passage. Vous pouvez l'acheter en bouteille ou en vrac dans votre propre cubitainer. Vous pouvez aussi déguster avant l'achat, ce qui est essentiel, la qualité variant énormément d'une coopérative à l'autre.

LA CHAPELLE DE L'HERMITAGE

PAUL JABOULET AINÉ   PAUL JABOULET AINÉ

1986

UNION DES VIGNERONS

TAVEL

APPELLATION TAVEL CONTRÔLÉE

DE L'ENCLAVE DES PAPES

37,5cl

MIS EN BOUTEILLE PAR

LES PRODUCTEURS A.P.V.T. 30126 TAVEL
POUR LE CELLIER DE L'ENCLAVE DES PAPES A VALRÉAS (VAUCLUSE) FRANCE

PRODUCE OF FRANCE

TM/ ROAX 30.40.13.40

M. CHAPOUTIER

SAINT-JOSEPH

DESCHANTS

MARQUE DÉPOSÉE

APPELLATION St-JOSEPH CONTRÔLÉE

MIS EN BOUTEILLE PAR

M. CHAPOUTIER S.A.

e75cl

NÉGOCIANTS - ÉLEVEURS A TAIN L'HERMITAGE DRÔME

RASTEAU

CÔTES DU RHÔNE VILLAGES

APPELLATION CÔTES DU RHÔNE VILLAGES CONTRÔLÉE

DOMAINE SAINT GAYAN

MIS EN BOUTEILLE AU DOMAINE

G.a.e.c. du Domaine Saint-Gayan à Gigondas (Vse) France

e75cl

PRODUIT DE FRANCE

TM/ ROA/5. W.44.(7.40

PRODUCT OF FRANCE

Côte-Rôtie

APPELLATION COTE-ROTIE CONTROLÉE

Côte Blonde ‹La Garde›

750 ml

MISE EN BOUTEILLES A LA PROPRIÉTÉ

A. DERVIEUX-THAIZE, Propriétaire-Viticulteur, VERENAY-AMPUIS (Rhône) FRANCE

G. 9896 / a

création Imp. gaugenheim lyon

FAC ET SPERA

LA PETITE RUCHE

CROZES - HERMITAGE

APPELLATION CROZES-HERMITAGE CONTROLÉE

MIS EN BOUTEILLE PAR

M. CHAPOUTIER S.A. e75cl

NÉGOCIANTS-ÉLEVEURS, A TAIN-L'HERMITAGE (DROME)

FRANCE

GUIDE
DE
L'ACHETEUR

Il existe des étiquettes de tous genres. Certains soutiennent que leur graphisme, sobre ou surchargé, est révélateur de la personnalité du producteur.

CELLIER DE L'ENCLAVE DES PAPES

PRODUCE OF FRANCE

CÔTES DU RHÔNE
APPELLATION CÔTES DU RHÔNE CONTRÔLÉE

MIS EN BOUTEILLE PAR
UNION DES VIGNERONS DE L'ENCLAVE DES PAPES A VALRÉAS VAUCLU...

TMI

PRODUCE OF FRANCE

Château de Beaucastel

CHATEAUNEUF-DU-PAPE
APPELLATION CHATEAUNEUF-DU-PAPE CONTROLÉE

Sté FERMIÈRE DES VIGNOBLES PIERRE PERRIN
AU CHATEAU DE BEAUCASTEL COURTHEZON (Vse)   75 cl
MIS EN BOUTEILLE DU CHATEAU

le Chevalier de Sterimberg
MARQUE   DÉPOSÉE

HERMITAGE
APPELLATION HERMITAGE CONTRÔLÉE

75cl   **PAUL JABOULET AÎNÉ**
Mis en bouteilles par
PAUL JABOULET AÎNÉ, NÉGOCIANT ÉLEVEUR A TAIN L'HERMITAGE DRÔME FRANCE

L'ACHAT

La vallée du Rhône propose une telle variété de vins de styles différents qu'avant d'acheter, il vous faut savoir si vous désirez un vin rouge prestigieux à encaver pour être bu une dizaine d'années plus tard ou un vin pour la consommation quotidienne, un choix de bouteilles diverses pour animer une garden-party ou un vin doux naturel pour accompagner un foie gras, un fromage persillé ou un dessert.

Ensuite, il vous faut choisir une appellation et décider à quel producteur vous adresser. Pour le vin de tous les jours, un simple Côtes du Rhône est un bon choix, mais il serait dommage d'ignorer des vins comme le Lirac, le Coteaux du Tricastin ou même l'humble Vin de Pays de l'Ardèche (généralement très bon). Le prix, la disponibilité, le souvenir que vous avez gardé de bonnes bouteilles, le plaisir de découvrir des étiquettes inconnues et des conseils judicieux orienteront votre choix.

Ce guide vous permettra de vous familiariser avec les différentes appellations de la vallée du Rhône et les noms des producteurs les plus connus, mais il est impossible de définir exactement ce que vous trouverez dans chaque bouteille. La lecture de l'étiquette, par exemple, ne vous apprendra pas si un Côtes du Rhône donné a été obtenu par macération carbonique. Vous trouverez probablement chez le marchand de vin et même sur les rayons du supermarché différentes bouteilles d'une même appellation. Sur laquelle porterez-vous votre choix? Le marchand de vin, qui sait généralement de quoi il parle, pourra vous orienter. Son intérêt est de vous vendre un vin correspondant à vos goûts afin que vous vous adressiez de nouveau à lui. Au supermarché, en revanche, vous serez livré entièrement à vous-même car le personnel sera incapable de vous conseiller (les bouteilles portent parfois une contre-étiquette sur laquelle vous trouverez quelques renseignements).

Le choix serait pourtant beaucoup plus facile si vous pouviez goûter avant de décider. C'est malheureusement impossible dans le commerce de détail, mais il existe des « bistrots à vin » qui proposent une gamme étendue de vins au verre. Leur fréquentation est un bon moyen d'enrichir vos connaissances à un prix raisonnable.

L'ACHAT SUR PLACE

L'exploration du vignoble est la méthode idéale pour choisir son vin. On en tire un plaisir incomparable, elle permet de parfaire ses connaissances, de comparer les vins et les millésimes et de payer un prix raisonnable, avantage auquel s'ajoute la satisfaction de court-circuiter les intermédiaires. En revanche, elle exige beaucoup de temps et une bonne dose d'intuition.

Sur place, les occasions de déguster la production locale sont multiples. Dans les Côtes du Rhône méridionales, on trouve dans chaque village viticole ou presque une coopérative où vous pouvez goûter avant d'acheter. Dans le nord, la Cave Coopérative de Vins Fins, à Tain-l'Hermitage, présente la collection complète de toutes les appellations du vignoble septentrional. D'autre part, les négociants et les propriétaires-récoltants qui vous invitent à leur rendre visite par des panneaux « dégustation-vente » plantés le long des routes sont nombreux. Si un viticulteur vous reçoit dans sa cave pour vous faire goûter son vin, il s'attend à ce que vous lui en achetiez au minimum une caisse de 12 bouteilles, à moins que vous ne déceliez un défaut évident (et il faut beaucoup d'audace pour oser critiquer le travail d'un vigneron dans sa propre cave).

La porte des producteurs ne s'ouvre pas toujours devant le client de passage. Certains n'ont plus ou presque plus de vin, d'autres n'ont pas le personnel nécessaire pour accueillir les visiteurs. Ne vous laissez pas décourager pour autant et téléphonez pour prendre rendez-vous : il est rare qu'un viticulteur ayant du vin à vendre refuse de recevoir un acheteur sérieux.

Si vous avez l'intention de goûter plus d'un ou deux vins, n'hésitez pas à cracher – ce n'est pas impoli – sinon votre palais et votre jugement perdraient vite leur sens critique (et n'oubliez pas que vous devez reprendre la route).

DÉCELER LES DÉFAUTS

Pour faire son profit d'une dégustation dans la cave d'un propriétaire-récoltant ou d'un négociant – et même chez soi ou au restaurant – il est utile de connaître les défauts indiscutables qu'il pourrait présenter. Il faut d'abord examiner sa robe. Celle d'un vin blanc peut varier du jaune très clair au jaune profond, avec souvent des reflets verts; une teinte brune est le signe d'un défaut ou le vin est simplement trop vieux. Celle d'un vin rouge peut varier du rouge presque rose ou du rouge orangé au rubis profond, parfois violacé ou presque noir; ici aussi une teinte brune est anormale; on peut se risquer à dire que plus la qualité est élevée et plus l'appellation est prestigieuse, plus la robe est profonde. À noter que la couleur s'éclaircit avec l'âge.

Des fragments de bouchon dans le vin ne sont pas le signe d'un «goût de bouchon». Celui-ci, qui provient d'un liège altéré, est rare, rend le vin imbuvable et ne peut se confondre avec aucun autre. De même, un bouchon suintant ou sale n'est pas nécessairement l'indice d'un défaut. Essuyez soigneusement le col avant de remplir les verres. La présence d'un dépôt sur la paroi de la bouteille n'a rien d'anormal. Après un certain temps en bouteille, les vins rouges riches en extrait déposent sur celle-ci une chemise qui va parfois jusqu'à la rendre opaque; dans ce cas, il est préférable de les décanter, c'est-à-dire de les transvaser soigneusement dans une carafe ou, à défaut, une autre bouteille, en arrêtant de verser au moment où le vin se trouble.

Des cristaux sont parfois en suspension dans une bouteille qui a été exposée au froid : ce phénomène, normal, peut se produire quand le vinificateur a préféré ne pas traiter par le froid, avant embouteillage, son vin contre les précipitations tartriques, afin de préserver au maximum son goût et ses arômes.

Tout vin sentant nettement mauvais (odeur de vinaigre, de moisi, de pourri ou de ranci) doit être écarté. Il en est de même d'un vin trouble (à ne pas confondre avec un vin ayant des particules en suspension). Un vin trouble ou qui mousse exhalera probablement une odeur désagréable, car ces phénomènes sont le signe d'une instabilité chimique ou microbiologique. Il y a de fortes chances pour qu'un vin dont l'odeur est agréable ait une bouche satisfaisante, encore qu'un excès d'acidité, de sucre ou de tanin ne se décèle pas nécessairement par l'odorat.

Avec un peu d'expérience, il vous sera assez facile de déterminer si un vin présente vraiment un défaut ou s'il ne vous plaît simplement pas. Les vins rouges des Côtes du Rhône septentrionales sont souvent très tanniques dans leur jeunesse, ce qui est généralement l'indice d'une bonne longévité. Ce tanin, que l'on peut trouver désagréable de prime abord mais qu'il faut savoir interpréter, n'est l'indice ni d'un défaut ni d'un manque de qualité, bien au contraire. Il en est de même d'une forte acidité dans un vin blanc : elle préserve des qualités qui se déploieront plus tard. De manière générale, il faut rechercher la concentration et le fruit, qui équilibrent le tanin et l'acidité.

Au restaurant, il ne faut pas hésiter à refuser un vin imparfait et agir de même si on veut vous le servir à une température inadéquate.

NOM DU DOMAINE

APPELLATION

CONTENANCE

PRODUCTEUR

TENEUR ALCOOLIQUE

NOM DU DOMAINE

MILLÉSIME

RÉCOMPENSES

TENEUR ALCOOLIQUE

APPELLATION

CONTENANCE

PRODUCTEUR

L'ÉTIQUETTE

L'étiquette est la carte d'identité du vin contenu dans la bouteille, mais avant la mise en place de la législation sur les appellations d'origine, les cas d'usurpation d'identité n'étaient pas rares. Par exemple, sous l'étiquette prestigieuse de Châteauneuf-du-Pape se dissimulaient souvent des vins d'assemblage certes capiteux, mais médiocres, de provenance indéterminée (les vins d'Algérie coulaient à flots dans la métropole, ceux du Midi remontaient volontiers le cours du Rhône et de la Saône jusqu'en Bourgogne).

Jusqu'à l'entrée en vigueur, récente, de la réglementation de la CEE, l'étiquette pouvait porter toutes les mentions qui n'étaient pas expressément interdites par la législation française, pour autant qu'elles ne puissent prêter à confusion ou qu'elles n'induisent délibérément le consommateur en erreur. Aujourd'hui, seules les mentions obligatoires et des mentions facultatives bien définies peuvent figurer sur l'étiquette, qui a gagné en clarté ce qu'elle a perdu en pittoresque.

Le premier renseignement que fournit l'étiquette est la catégorie à laquelle le vin appartient. S'il s'agit d'un vin de table ordinaire (généralement un coupage, c'est-à-dire un mélange de vins de diverses provenances), le pays d'origine doit être mentionné, par exemple « vin de table de France » ou, si l'on a mélangé des vins de plusieurs pays, « mélange de vins de différents pays de la Communauté européenne ». Ces vins ne nous intéressent pas. La catégorie au-dessus est celle

des Vins de pays, créé en 1979, dont le conditions de production sont réglementées et qui ont dû recevoir l'agrément d'une commission de dégustation. Leur origine géographique est précisée sur l'étiquette, par exemple « Vin de Pays du Vaucluse ».

Viennent ensuite les vins que la CEE groupe sous le sigle VQPRD (Vin de Qualité Produit dans des Régions Déterminées) – que vous ne trouverez pas sur l'étiquette. Il s'agit de nos VDQS (Vin Délimité de Qualité Supérieure) qui sont identifiés comme tels, par exemple « Côtes-du-Vivarais-Appellation d'Origine Vin Délimité de Qualité Supérieure », et de nos AOC (Appellation d'Origine Contrôlée), par exemple « Appellation Côtes-du-Rhône-Villages Contrôlée ». Les conditions de production des VDQS et des AOC sont strictement réglementées, la différence essentielle étant que la délimitation de l'aire de production des premiers est faite sur une base communale, celle des seconds, dont la qualité est reconnue comme meilleure, sur une base parcellaire.

Le volume contenu dans la bouteille et le titre alcoométrique sont obligatoirement portés sur l'étiquette, ainsi que le nom du propriétaire-récoltant, de la coopérative ou du négociant. Les mentions « mise en bouteille dans nos caves » ou « mis en bouteille dans la région de production » sont typiques d'un vin de négociant.

Le millésime, facultatif, ne peut être indiqué sur l'étiquette ou la collerette que si tout le vin qu'elle contient a été élaboré la même année.

LES MILLÉSIMES

Les cartes des millésimes, que d'aucuns suivent aveuglément, ne sont pas parole d'évangile car il arrive que de bons vins soient élaborés même les mauvaises années, tandis que certains producteurs proposeront toujours un vin détestable, même si l'année est excellente. Compte tenu de cette réserve, elles donnent une bonne idée générale du caractère de chaque millésime.

À l'exception de l'Hermitage blanc et du Château-Grillet, les blancs évoluent vite et doivent être bus dans un délai de deux ou trois ans. Il en est de même de nombreux rouges, surtout s'ils sont à base de Grenache. En revanche, les rouges issus de la Syrah peuvent exiger un long vieillissement en bouteille. La longévité des meilleurs rouges des vignobles septentrionaux peut dépasser celle de nombreux bons Bourgognes et Bordeaux.

LES MILLÉSIMES DE 1978 À 1988

1988 L'hiver a été doux, le printemps humide, l'été chaud et sec. La vendange a été précoce et de bonne qualité, mais pas très abondante dans le nord où les rouges sont bien colorés, corpulents, concentrés et alcooliques : ce seront des vins de garde ; les blancs sont pleins et aromatiques. Il se pourrait bien que le millésime 1988 soit aussi bon que l'excellent 1985, au nord comme au sud.

1987 Année tardive. La vendange des vignes blanches eut lieu avant le début des pluies, interminables surtout dans le sud. Le mûrissement des cépages rouges en souffrit au point que les 1987 sont nettement pâles. Le raisin fut si pauvre en sucre que la chaptalisation fut autorisée pour la première fois depuis 1984. Les vins du nord sont généralement meilleurs que ceux du sud, les rouges étant jugés supérieurs aux 1986 (plus riches, davantage de fruit et de couleur).

1986 Au début, mêmes conditions dans toute la région : printemps froid, bonne floraison, été torride. Dans le nord, rouges abondants, assez durs et tanniques, manquant parfois de richesse, qui évolueront relativement rapidement. Dans le sud, pluies abondantes en septembre faisant gonfler, parfois éclater, le raisin. Vendange irrégulière en raison de la pourriture survenant d'un jour à

l'autre. Seuls ceux qui récoltèrent assez tôt purent élaborer des vins alcooliques à la robe profonde. Dans les vignobles d'altitude comme ceux des Côtes-du-Ventoux, le mistral – habituellement sauveur de la vendange dans ces circonstances – ne fut pas au rendez-vous, d'où pourriture grise. De nombreux viticulteurs durent trier leur raisin.

En revanche, quelques excellents Châteauneuf-du-Pape 1986 atteindront leur apogée entre 1992 et l'an 2000.

1985 Grand millésime grâce à un été chaud et très peu de pluie. Les rouges du nord sont fruités, tanniques, profondément colorés avec une concentration énorme. Le Cornas et le Côte-Rôtie sont particulièrement bons, avec un peu moins d'acidité et de dureté que l'exceptionnel 1983. A Condrieu aussi, on a réussi des vins riches et puissants.

Vendange abondante dans le sud. Une bonne partie du raisin était déjà mûr à la mi-août. Les vignerons mal équipés eurent de la difficulté à contrôler la température de fermentation en raison de fortes chaleurs au moment des vendanges. Raisin très sain presque partout, qui aurait pu engendrer des vins de qualité exceptionnelle si le rendement avait été bridé et la vendange effectuée plus tôt. Beaucoup de bons vins, les autres auraient pu être meilleurs. Les vins corpulents et alcooliques ne manquent pas, mais ils évoluent très rapidement à cause de leur faible acidité.

1984 Il est difficile de succéder à un millésime splendide comme 1983. Il eut mauvaise presse avant même la vendange et même les meilleurs vins durent lutter pour faire reconnaître leurs qualités.

Dans le nord, de nombreux rouges souffrirent d'un mûrissement imparfait du raisin. Ce défaut se traduisit par une acidité élevée du Condrieu et de l'Hermitage blanc, gage certain d'une bonne longévité. Dans l'ensemble, les blancs sont subtils et délicats.

Dans le sud, une pluie abondante avant la vendange donna des vins austères, mais bien structurés. Dans ce millésime décevant partout en France, Le Châteauneuf-du-Pape est le meilleur rouge.

1983 Quel millésime splendide dans le nord! Un été sec et chaud engendra une petite quantité de rouges admirables, concentrés et riches en tanin, qui exigeront encore au moins une décennie pour déployer toutes leurs qualités. Les blancs sont excellents, prêts à boire.

Dans le sud, le Grenache souffrit de coulure, si bien que sa proportion est moins élevée que d'habitude dans les rouges. Les viticulteurs n'ayant pas éraflé la Syrah ont obtenu des vins plus astringents que de coutume (normalement, la vinosité du Grenache équilibre cette tendance). Le millésime est de qualité variable pour le Châteauneuf-du-Pape : certains vins, qui manquent de couleur et de fruit, sont austères, mais on devrait pouvoir encore garder les meilleurs en cave. Les Gigondas sont corpulents, tanniques, et d'une qualité moyenne à boire.

1982 Dans toute la France, une forte chaleur à l'époque des vendanges créa des difficultés aux producteurs ne disposant pas d'un contrôle de température de fermentation adéquat.

Les rouges du nord, corpulents mais avec peu d'acidité, sont prêts à boire. C'est notamment le cas de certains Côte-Rôtie, plus sveltes qu'à l'ordinaire, que le manque d'acidité à fait évoluer rapidement.

Dans le sud, il y eut une grosse production de vins amples et souples, presque trop mûrs. Certains Châteauneuf-du-Pape ont atteint des teneurs alcooliques de 14,5°. Dans l'ensemble, les 1982 sont fragiles. Il serait prudent de les boire sans retard.

1981 Le Côte-Rôtie et l'Hermitage, qui ne bénéficièrent pas de la chaleur et du soleil espérés, sont de qualité moyenne. Un temps un peu meilleur a permis au Cornas d'être moins astringent. Il faudrait avoir bu les rouges du nord d'ici 1990.

Dans le sud aussi, le mûrissement ne fut pas parfait. Malgré cela, la qualité du Gigondas varie de moyenne à excellente suivant les producteurs, tandis que le Châteauneuf-du-Pape est riche, puissant, bien équilibré, d'une qualité plus homogène que le 1983.

1980 Comme le millésime 1984, le 1980 fut d'abord considéré comme médiocre, mais de nombreux vins furent finalement meilleurs que prévu. Les 1980 du nord, souples, élégants et bien équilibrés, ont atteint leur apogée.

Certains Châteauneuf-du-Pape font partie des meilleurs rouges produits en France en 1980. Ils mettent l'accent sur le fruit et l'élégance plutôt que sur l'ampleur et la profondeur.

1979 On a élaboré de bons Hermitage et Crozes-Hermitage blancs. Les rouges sont même meilleurs : quelques-uns pourront attendre le XXIᵉ siècle, mais la plupart peuvent être bus dès maintenant. Le millésime est caractérisé par la couleur, la profondeur et l'équilibre.

Les 1979 du sud, excellents, égalent souvent les 1978. Certains Gigondas et Châteauneuf, riches et concentrés, s'avèrent meilleurs que prévu.

1978 Indiscutablement le plus remarquable millésime depuis 1961 pour les rouges. Les meilleurs sont absolument admirables : encore trop tanniques et fermés, il faut les garder en cave jusqu'à la prochaine décennie pour leur permettre de déployer leur fruit et leur parfum extraordinaires. Les 1978 sont généralement jugés encore meilleurs que les 1983. Personne n'est capable, à l'heure actuelle, d'estimer leur longévité potentielle.

Dans le sud, 1978 fut la meilleure année après 1961 et 1967 : une année proprement miraculeuse : le sirocco se mit à souffler juste avant la vendange, mais la pluie qu'il annonce toujours ne tomba pas. 1978 contredit l'opinion généralement répandue que les vins méridionaux vieillissent vite : les Châteauneuf-du-Pape de ce millésime commencent seulement à s'ouvrir. Ils possèdent une richesse, une ampleur et un équilibre fabuleux.

VIEUX MILLÉSIMES

Les blancs auraient déjà dû être bus, mais une bouteille d'Hermitage conservée dans une bonne cave pourrait réserver une bonne surprise.

Seuls les rouges du sud exceptionnels et les meilleurs rouges du nord montrent encore des qualités. Les millésimes à rechercher sont 1976 (bon mais surévalué à l'époque), 1972 (surévalué à l'époque), 1971 et 1970 (qui commencent à se fatiguer), 1969. Ces trois années sont appelées *Les Trois Glorieuses*, car elles suivaient une décennie au cours de laquelle quatre millésimes (1960, 1963, 1965 et 1968) avaient été presque totalement compromis par des pluies trop abondantes. 1967 fut très bon dans le sud, mais pas dans le nord. 1966, 1964 et 1961 furent excellents, 1961 étant un des grands millésimes du siècle avec les légendaires 1947 et 1929.

STRUCTURE DES PRIX

Dans tout commerce, les prix dépendent non seulement de la qualité, mais encore de l'offre et de la demande. Les choses se compliquent avec le vin, certains producteurs étant plus talentueux ou plus consciencieux que d'autres. Un Châteauneuf-du-Pape d'un domaine réputé pourra coûter deux fois plus qu'un vin de la même appellation élaboré par un obscur négociant (et valoir trois ou quatre fois plus sur le plan de la qualité).

En bas de l'échelle des prix, on peut trouver de nombreux vins satisfaisants provenant généralement des vignobles méridionaux. Les meilleur marché seront les Vins de Pays, abondants dans la vallée du Rhône et les régions limitrophes.

Viennent ensuite les VDQS et certaines appellations régionales du sud. Les Côtes-du-Vivarais, Côtes-du-Lubéron, Coteaux-du-Tricastin, Côtes-du-Ventoux et, bien entendu, Côtes-du-Rhône, peuvent offrir une qualité satisfaisante à un prix abordable. Il faut toutefois être prudent : tous les vins de ces appellations ne sont pas bons – certains sont même carrément atroces. Dans cette région, les vins mis en bouteille au domaine ne sont pas tellement plus chers que les autres : c'est un avantage dont il faut savoir profiter.

Plus haut sur l'échelle, le sud propose de nombreux vins à prix moyen. Le Tavel, qui se veut le premier rosé de France, est un vrai vin et non quelque chose à boire pour ceux qui ne peuvent se décider entre un rouge et un blanc. Il n'existe pas *un* Châteauneuf-du-Pape, mais toute une gamme. Personne n'imaginerait payer le même prix pour un vin sans vrai caractère que pour un bon millésime du Château de Beaucastel ou du Domaine du Vieux Télégraphe.

À vrai dire, ces deux catégories de vin ont peu en commun pour ce qui est de l'ampleur, de la concentration et de la profondeur. Ainsi, un excellent Châteauneuf-du-Pape sera-t-il presque aussi cher qu'un bon Cornas.

Les vins du haut de l'échelle sont nécessairement les plus chers. Les Côte-Rôtie et Hermitage de grande qualité viennent de vignobles difficiles à cultiver. Un rendement faible, une vinification sans compromis suivie d'un long élevage coûtent cher au producteur et cela se traduit dans le prix de vente. Pourtant, considérant les prix astronomiques qu'atteignent les grands Bordeaux et les grands Bourgogne, l'achat de ces vins splendides est une affaire magnifique, d'autant plus qu'il est maintenant possible de les acheter « en primeur », comme nombre de Bordeaux, bien avant qu'ils ne soient mis sur le marché. L'expérience prouve que leur cote augmente en quelques mois.

On ne produit qu'une toute petite quantité de Condrieu, moins de 500 hl, et encore faut-il que son cépage, le Viognier, ne se montre pas trop capricieux. Le Château-Grillet est une rareté hors de prix que l'on peut rêver de déguster un jour.

ÉCHELLE DES PRIX MOYENS

HORS DE PRIX
Château-Grillet

TRÈS CHER (de 80 à 170 F)
Hermitage
Côte-Rôtie
Condrieu

CHER (de 55 à 110 F)
Châteauneuf-du-Pape (meilleurs domaines)
Cornas

MOYEN (de 35 à 80 F)
Châteauneuf-du-Pape
Gigondas
Saint-Joseph
Crozes-Hermitage
Muscat des Beaumes-de-Venise
Rasteau Vin Doux Naturel
Saint-Péray
Tavel
Lirac
Côtes-du-Lubéron
Côtes-du-Rhône-Villages (meilleurs domaines)

BON MARCHÉ (moins de 35 F)
Clairette de Die
Côtes-du-Rhône-Villages
Coteaux du Tricastin
Côtes-du-Vivarais
Vins de Pays
Côtes-du-Rhône
Côtes-du-Ventoux
Coteaux de Pierrevert
Châtillon-en-Diois

Classement en ordre de prix décroissants, relevés chez le producteur. Les prix dans le commerce de détail sont sensiblement plus élevés.

À TRAVERS
LE
VIGNOBLE

Le Géant du Vaucluse domine le vignoble
des Côtes-du-Ventoux. L'inclinaison des ceps est due
au mistral qui balaye fréquemment la région.

VIGNOBLES SEPTENTRIONAUX

CÔTE-RÔTIE

Seuls les œnophiles savent que le Côte-Rôtie est un des plus grands vins rouges du monde, puissamment charpenté et bouqueté, mais aussi voluptueux et élégant. Son nom évoque sa robe profonde, ses arômes chaleureux et robustes. Il nous rappelle aussi que son vignoble est le premier bénéficiant du climat chaud et sec que l'on découvre en descendant la vallée du Rhône, à une trentaine de kilomètres au sud de Lyon, quand l'autoroute quitte soudain la zone industrielle et pénètre, au niveau d'Ampuis, dans une région de collines escarpées et de paysages verdoyants.

Qui a cultivé ici les premières vignes? Probablement les Grecs, il y a vingt-six siècles, mais ce sont les Romains qui commencèrent à y faire un vin dont la réputation s'étendit vite au-delà de la région, le *vinum picatum*. Il était exporté jusqu'à Rome et Pline, au Ier siècle après J.-C., a noté que son prix était très élevé. La situation n'a guère évolué depuis: le Côte-Rôtie est l'un des vins les plus recherchés et c'est l'un des plus chers de la vallée du Rhône.

Le vignoble de Côte-Rôtie est un des plus escarpés de France, sa pente – comparable à celle des vallées de la Moselle allemande et du Douro portugais – atteignant 55°. Le sol granitique est recouvert d'une mince couche de terre cultivable dont la composition varie suivant les emplacements. La difficulté de travailler sur des pentes aussi abruptes et l'érosion rapide du sol exigèrent la construction de terrasses soutenues par des murets. Ce sont aussi les Romains qui les édifièrent et elles sont toujours là. Elles sont bien visibles, même dans les vignobles abandonnés et envahis par la végétation.

Ces terrasses sont trop étroites pour accueillir quelque machine que ce soit. On utilise parfois des mules et des chevaux, mais la plus grande partie du travail ne peut être exécutée que manuellement, avec l'aide de poulies tant la pente est raide. Dans ces conditions, il faut une main d'œuvre qualifiée, qui coûte cher, et le travail dans le vignoble demande nécessairement beaucoup de temps. C'est pourquoi un certain nombre de parcelles particulièrement difficiles d'accès ne sont plus cultivées. Pourtant, afin de satisfaire une demande croissante, le vignoble de Côte-Rôtie a été agrandi, mais les nouvelles vignes ont malheureusement été plantées sur le plateau. Bien que situées dans l'aire d'appellation, elles sont moins bien exposées que celles en terrasses et ne bénéficient pas d'un drainage aussi parfait.

Étant donné les conditions culturales propres à la Côte-Rôtie, la conduite de la vigne est différente de celle des appellations voisines. On utilise une taille mixte – longs bois et coursons sur la même vigne – particulière ayant reçu le nom de *taille de Côte-Rôtie*, qui associe plusieurs ceps palissés sur de longs échalas disposés en pyramide. Les rameaux porteurs sont orientés vers l'extérieur afin que les futures grappes bénéficient de la meilleure exposition possible au soleil.

Les deux cépages autorisés, qui sont vinifiés ensemble, sont la Syrah et le Viognier (blanc) à concurrence de 20 %. De nombreux vignerons ne cultivent plus le second, très capricieux, et l'encépagement compte aujourd'hui 90 % de Syrah. Il n'y a pas de Côte-Rôtie blanc.

Le vignoble comprend, entre autres terrains, deux côtes magnifiques. Selon la légende, un seigneur féodal nommé Maugiron, qui vivait au château d'Ampuis, avait deux filles ravissantes, une brune et une blonde. Elles auraient reçu chacune en héritage une des côtes qui furent dès lors dénommées Côte Brune et Côte Blonde. Leurs vins n'ont pas le même caractère: la Côte Blonde a un sol calcaire qui donne des vins plus légers, plus vifs et moins tanniques que ceux de la Côte Brune dont le sol ferrugineux est argilo-sableux. Les seconds s'épanouissent lentement et ont une plus grande longévité. Le Viognier n'est cultivé que sur la Côte Blonde car le sol, plus lourd, de la Côte Brune, ne convient pas à ce cépage délicat. La plupart des Côte-Rôtie sont un assemblage de vins des deux côtes, sauf ceux issus de quelques parcelles comme La Mouline de Guigal (Côte Blonde) et La Viallère de Dervieux-Thaize (Côte Brune).

Le vignoble de Côte-Rôtie, y compris les parcelles cultivées sur le plateau, ne compte que 130 ha – la taille d'un seul domaine dans les Côtes-du-Rhône méridionales.

Les vendanges ont en général lieu à la fin du mois de septembre. Les coupeurs déposent déli-

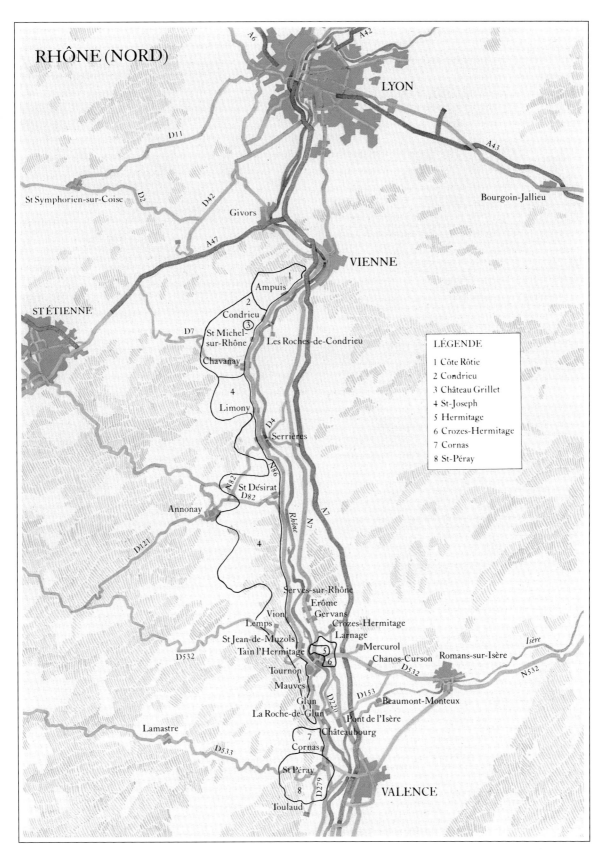

RHÔNE (NORD)

LYON

St Symphorien-sur-Coise

D11

D2

D42

Givors

A47

Bourgoin-Jallieu

A43

VIENNE

ST ÉTIENNE

1
Ampuis

2
Condrieu

3
St Michel-
sur-Rhône

D7

Les Roches-de-Condrieu

Chavanay

4
Limony

D4

Serrières

N86

N82

St Désirat
D82

Annonay

D121

4

N7

A7

Rhône

Serves-sur-Rhône

Erôme

Gervans

Vion

Crozes-Hermitage

Lemps

Larnage

St Jean-de-Muzols

Tain l'Hermitage

5

6

Mercurol

Chanos-Curson

Romans-sur-Isère

Isère

N532

D532

Tournon

Mauves

Glun

D220

La Roche-de-Glun

D153

Beaumont-Monteux

Lamastre

Pont de l'Isère

Châteaubourg

7
Cornas

D533

St Péray

D279

8

VALENCE

Toulaud

LÉGENDE

1 Côte Rôtie
2 Condrieu
3 Château Grillet
4 St-Joseph
5 Hermitage
6 Crozes-Hermitage
7 Cornas
8 St-Péray

catement le raisin dans des baquets en bois appelés *beneaux*, lesquels passent de main en main jusqu'au pied de la côte d'où ils prennent le chemin de la salle de pressurage.

Traditionnellement, on vinifie dans de grandes barriques, mais leur nettoyage est malaisé et elles rendent difficile le contrôle de la température de fermentation. Les viticulteurs commencent à les remplacer par des cuves en acier inoxydable, suivant en cela l'exemple de Marcel Guigal qui est aussi un pionnier de l'élevage dans des fûts de chêne neuf. Ceux-ci, largement utilisés pour les grands Bourgogne et Bordeaux, encouragent le développement des arômes secondaires, mais ils communiquent aussi au vin des arômes vanillés qui peuvent en dissimuler les insuffisances. Cette critique ne saurait être adressée à Marcel Guigal dont les vins comptent parmi les meilleurs de l'appellation.

La robe d'un Côte-Rôtie jeune est pourpre foncé et ne virera au grenat que lentement. Un bon Côte-Rôtie exige des années pour déployer ses qualités, huit ans et plus pour un millésime moyen et jusqu'à vingt ans pour un millésime exceptionnel. Dans sa jeunesse, ses arômes sont âpres, âcres, fumés, poivrés, puis au fur et à mesure qu'il évolue vers la maturité, un bouquet plus souple de mûre et de violette se déploie tandis que l'élégance et la finesse du vin deviennent manifestes. Le Côte-Rôtie est plus ou moins tannique selon les années et l'addition d'un peu de Viognier le rend un peu plus souple, plus floral et plus élégant que l'Hermitage produit sur l'autre rive. La tendance est pourtant vers des vins 100 % Syrah, mais Marcel Guigal ajoute un peu de vin de presse de son Condrieu dans sa Côte-Rôtie.

Ce viticulteur remarquable élabore quatre Côte-Rôtie différents : sa principale cuvée faite d'un assemblage de vins des Côtes Brune et Blonde, son célèbre La Mouline (Côte Blonde) et son équivalent de la Côte Blonde, La Landonne, moins connu. Il partage cette parcelle avec René Rostaing, autre excellent viticulteur. Son quatrième vin, La Turque, vient d'une petite parcelle de la Côte Brune. Les trois derniers sont élevés dans du chêne neuf pendant deux ans et demi – un record ; ils sont régulièrement soutirés, mais ne sont ni collés ni filtrés. Guigal vinifie tous ses Côte-Rôtie sans éraflage, afin de leur donner une charpente solide. Ce sont des vins très intenses qui possèdent beaucoup de fruit, La Mouline se distinguant par une puissance veloutée, tandis que La Landonne,

plus masculin, est robuste, tannique et épicé.

Peu d'autres bons producteurs partagent la passion de Guigal pour l'élevage dans le bois neuf. Les plus jeunes barriques de Robert Jasmin ont deux ou trois ans. Contrairement à Guigal, il a totalement éliminé le Viognier. Si les Côte-Rôtie de Guigal ont des saveurs et des arômes puissants et profonds, celui de Jasmin est plus souple, plus élégant et mûrit – admirablement – plus vite.

Ni Marius Gentaz-Dervieux ni son beau-frère, Albert Dervieux-Thaize, n'utilisent de bois neuf, encore que l'on ait aperçu une barrique neuve dans la cave du second, qui élabore des Côte-Rôtie absolument traditionnels : La Viallère issu de vieilles vignes de la Côte Brune, La Garde de vignes un peu plus jeunes de la Côte Blonde et Fongent de vignes de 15 ans ou moins de la Côte Brune. Lui non plus n'érafle pas le raisin et ne filtre pas ses vins, mais il les colle au blanc d'œuf. Très tanniques (imbuvables jeunes), ils ont une maturité riche et musclée et une longévité enviable, surtout le dernier cité dont une anecdote récente illustre la robustesse. Albert Dervieux en expédia à San Francisco mais, pour une raison ou une autre, ses caisses restèrent à quai pendant près de trois mois, exposées à une chaleur torride, en compagnie de Bourgogne commandé par le même importateur. Quand les vins furent finalement livrés en Californie, abondamment secoués par une mauvaise traversée, le Côte-Rôtie fut jugé aussi bon qu'avant le voyage, alors que le Bourgogne n'avait pas résisté à ces péripéties.

Les vins de Gentaz-Dervieux sont vinifiés de manière traditionnelle et séjournent 22 mois en barriques (vieilles) avant embouteillage. Ils sont plus élégants et moins tanniques que ceux de Dervieux-Thaize, mais plus colorés et plus charpentés que ceux de Jasmin.

CÔTE-RÔTIE	
Producteurs exceptionnels	**Autres producteurs recommandés**
Gentaz-Dervieux E. Guigal (négociant, qui contrôle Vidal-Fleury) Robert Jasmin René Rostaing Albert Dervieux-Thaize	M. Chapoutier Delas Frères Paul Jaboulet Aîné Gilles & Pierre Barge Bernard Burgaud Émile Champet Joseph Jamet

*Syrah conduite selon
la taille de Côte-Rôtie.*

CONDRIEU

On a l'habitude de ranger le Condrieu parmi les vins les plus ésotériques de France – on devrait dire du monde. La principale raison est qu'il est issu d'un cépage blanc original, capricieux et rare, le Viognier – on n'en trouve pour ainsi dire pas hors de la vallée du Rhône, si ce n'est en Californie dans une parcelle de Syrah – dont on ne tire pas de vin monocépage ailleurs que dans cette appellation et celle, minuscule, de Château-Grillet qu'elle enclave.

On ignore l'origine de ce cépage. Certains sont d'avis que les Grecs phocéens l'apportèrent de Marseille, mais il paraît plus vraisemblable que l'empereur romain Probus l'ait transplanté de Dalmatie en 281 après J.-C. Quoi qu'il en soit, on sait que les Romains fixés en Gaule buvaient du vin venant de Condrieu. Leur description du « parfum de violette des vins de Vienne » est ambi-

guë, car elle pouvait s'appliquer aussi bien aux vins rouges que blancs. De nos jours, on ne fait que du vin blanc dans cette appellation.

Condrieu fait suite à Côte-Rôtie, sur la rive droite du Rhône. Le nom du village de Condrieu viendrait de *coin des rieux* (coin des ruisseaux). Trois petits cours d'eau se jettent en effet dans le Rhône à cet endroit paisible entouré d'arbres fruitiers, au pied des vignobles en terrasses. Sur l'autre rive, le village jumeau des Roches de Condrieu possède une des rares plages sûres sur le fleuve ici turbulent.

L'appellation Condrieu s'étend sur 7 communes dont les meilleurs pourraient être Condrieu et, en aval, Vérin, Saint-Michel-sur-Rhône et Limony. Bien que les pentes de Condrieu soient presque aussi abruptes que celles de Côte-Rôtie et, comme elles, granitiques, la composition de la couche superficielle, qui convient beaucoup mieux au Viognier, est totalement différente. Riche en poudre de mica (appelée localement arzelle), elle est entraînée par les pluies au pied des coteaux d'où il faut inlassablement la remonter.

Cela explique pourquoi il n'y a que 16 ha de vignobles dans l'aire d'appellation, pourtant beaucoup plus vaste. Le Viognier est un cépage si capricieux que le rendement maximum de 30 hl/ha n'est pas atteint (la moyenne se situe autour de 20 hl/ha). Le Condrieu ne peut donc être qu'un vin cher, d'autant plus que la demande, notamment celle des grands restaurants, excède largement l'offre.

Le Condrieu est un vin étrange et complexe. Bien que blanc, il a l'ampleur d'un vin rouge; de couleur or pâle, il est très fruité et possède des arômes délicats difficiles à décrire qui évoquent la pêche, l'abricot, la poire et le chèvrefeuille, avec une nuance épicée dans son extrême jeunesse. Habituellement vinifié en sec, il est peu acide et évolue donc vite. On le met en bouteilles au bout de six mois déjà. Sur place, les opinions sur sa longévité divergent, mais la plupart des viticulteurs recommandent de le boire dans les deux ans pour profiter de sa vivacité. Personnellement, je trouve la dégustation d'un vieux Condrieu, pour autant qu'il ait été de bonne qualité à l'origine, une expérience remarquable. À six ou sept ans, il revêt une robe or sombre et développe un bouquet complexe de fruits avec une dominante de pelure d'abricot.

Bien qu'elle s'étende sur trois départements, l'appellation Condrieu ne compte que peu de

*Il vaut la peine d'explorer les petits villages
pittoresques de la région de Condrieu dont tous
les coteaux sont couverts de vigne.*

vignobles et un petit nombre de producteurs. Georges Vernay en possède de loin la plus grosse part, avec 6 ha qui donnent la moitié des vins de la région. Tout son vin est vinifié dans des cuves en acier inoxydable. Il élabore une cuvée exceptionnelle avec le raisin des Coteaux de Vernon, mais les autres sont d'une qualité superbe. Il utilise des barriques de chêne neuves pour l'élevage, mais avec doigté afin que la finesse du vin ne soit pas masquée par le bois neuf.

En revanche, les fûts de Jean Pinchon ont déjà contenu de nombreux millésimes, mais il y élève son vin pendant près de deux ans. Quant à Marcel Guigal, il élabore son Condrieu en associant l'ancien et le moderne : 40 % de son vin est élevé pendant trois mois dans du chêne neuf tandis que le reste est logé dans des cuves en inox. Il procède ensuite à un assemblage et met en bouteilles en avril. Ainsi, le bouquet subtil de son Condrieu n'est pas masqué par les arômes vanillés du bois.

Paul Multier est relativement un nouveau venu dans l'appellation. Il possède le domaine du Château du Rozay, qui ne compte que 1 ha de vignes sur les pentes bien exposées du coteau de Chèry, derrière Condrieu. Il vendange le plus tard possible pour que son raisin atteigne la surmaturité, ce qui donne un vin intense, riche et complexe, demandant à être bu jeune en raison de sa faible acidité.

CONDRIEU	
Producteurs exceptionnels	Autres producteurs recommandés
Delas Frères E. Guigal (négociant) Georges Vernay	Paul Multier Jean Pinchon André Dezormeaux Pierre Barge

Le Condrieu que l'on connaît est sec, mais on en vinifie aussi un peu en doux et on l'a élaboré autrefois en mousseux. Le Condrieu sec est généralement considéré comme de loin supérieur au doux, le sucre résiduel empêchant les arômes délicats du Viognier de se déployer. Georges Vernay élabore encore un Condrieu légèrement doux pour sa famille et quelques clients privés; il appelle cette cuvée «Vin de Noël». André Dezormeaux en fait aussi un peu pour ses amis et ses voisins.

CHÂTEAU-GRILLET

Contrairement à ce qu'on lit parfois, Château-Grillet n'est pas la plus petite appellation de France (c'est la Romanée qui ne compte que 0,8345 ha), mais elle n'intéresse qu'un seul et unique domaine – enclavé dans l'appellation Condrieu – qui comprend un château Louis XIII admirablement situé, et qui appartient à la famille Neyrat-Gachet depuis 1830.

Ce petit vignoble, qui comptait 2,28 ha, a été porté à près de 3 ha en 1971 et ne produit guère plus de 10 000 bouteilles chaque année. Il bénéficie d'une exposition exceptionnelle : le Viognier, seul cépage autorisé, est cultivé sur un amphithéâtre faisant face au sud-sud-est; il est protégé du vent par les pentes escarpées qui l'entourent. Le sol a la même composition que celui de Condrieu, mais il est plus léger, plus friable et contient davantage de poudre de mica.

La vendange est rondement menée (en trois jours seulement) et, comme de juste, entièrement manuelle. Le raisin est délicatement transporté du vignoble en terrasses, si difficile d'accès, à la salle de vinification. On vendange habituellement fin septembre/début octobre, quand la menace des pluies automnales est encore lointaine. Je ne peux m'empêcher de me demander si une vendange aussi précoce permet un mûrissement optimum du raisin et, partant, si le vin sera capable de tirer le meilleur parti possible de la richesse aromatique potentielle du cépage. En revanche, l'acidité est mieux préservée et donne au vin une plus grande longévité.

Un matériel moderne a été installé dans les caves médiévales du château. Le pressoir est pneumatique et les cuves de fermentation en acier inoxydable. Après vinification, le vin reste sur ses lies jusqu'au milieu de l'hiver, ce qui lui permet de développer des arômes subtils supplémentaires. Il est ensuite soutiré et logé en fûts de chêne où il est élevé pendant 18 mois. La chaleur du printemps déclenche la fermentation malolactique et le froid hivernal clarifie le vin qui est pourtant collé et légèrement filtré avant sa mise en bouteilles. Celles-ci sont ensuite stockées quelques mois avant leur mise à disposition.

Le Château-Grillet est plus fin que la plupart des Condrieu, bien que sa teneur alcoolique puisse atteindre 15°, grâce à l'effet de serre dont bénéficie le vignoble, prisonnier de son amphithéâtre. La complexité des saveurs et des arômes discrets du Viognier ne facilite pas leur description. Pour un auteur, le Château-Grillet a un nez de violette et une bouche d'amande relevée d'épices; un autre décèle des senteurs légères de pêche et de fleurs; pour un troisième, il évoque le pain fraîchement grillé; un quatrième lui trouve des arômes de fleurs printanières, de truffe et de miel.

Contrairement au Condrieu, le Château-Grillet se bonifie au vieillissement. Son propriétaire conseille de le boire entre cinq et huit ans.

Au cours de la dernière décennie, sa qualité a, semble-t-il, baissé : il est devenu plus léger, moins riche. Plusieurs facteurs peuvent l'expliquer : d'abord, une partie du raisin vient de vignes jeunes, le vignoble ayant été agrandi en 1971 – le temps y remédiera; ensuite, la demande est telle que la tentation est forte d'augmenter le rendement – la production a doublé depuis quelques années sans que la surface cultivée ait augmenté en proportion; enfin, les nouvelles vignes ont été plantées en dehors de l'amphithéâtre, sur des terrains moins bien exposés, et donnent donc un raisin moins riche.

Le rendement maximum autorisé de 32 hl/ha est presque atteint, alors qu'autrefois on était loin du compte. On sait qu'un rendement faible encourage puissamment la qualité, mais avec un cépage aussi capricieux que le Viognier, le désir d'en tirer le maximum quand il veut bien y consentir est parfaitement compréhensible.

Jusqu'à maintenant, le Château-Grillet était logé en flûtes de même forme que les bouteilles de vin d'Alsace, de couleur foncée jaune-brun et d'une contenance de 70 cl, alors que tous les autres grands vins de France sont logés dans des bouteilles de 75 cl. (les règlements de la CEE imposent, dès 1989, l'utilisation de bouteilles de 75 cl). Cette bouteille spéciale souligne la rareté du Château-Grillet qui est deux à trois fois plus cher que le meilleur Condrieu, un niveau de prix difficilement justifiable.

Vignoble de Château-Grillet. Dès l'époque romaine,
les vignes de la région septentrionale ont été
cultivées en terrasses tant les pentes sont escarpées.

HERMITAGE

L'appellation commence à une cinquantaine de kilomètres au sud de Condrieu, sur l'autre rive du Rhône. La célèbre colline de l'Hermitage, qui se dresse majestueusement au-dessus d'une boucle du fleuve, est située au nord-est de Tain-l'Hermitage, la petite ville qui fait face à Tournon.

Dans les Côtes du Rhône septentrionales, seuls les vignobles d'Hermitage et leurs voisins de Crozes-Hermitage se trouvent sur la rive gauche du Rhône et ce sont les seuls cultivés sur le même terrain granitique que l'on trouve sur la rive droite, à Côte-Rôtie, Saint-Joseph et Cornas.

L'Hermitage rivalise avec le Côte-Rôtie pour le titre de vin rouge le plus cher de la région. Cela n'est pas dû uniquement à sa qualité – on n'en produit guère plus que de Côte-Rôtie. Le vignoble ne compte que 125 ha dont les trois quarts consacrés à l'Hermitage rouge, dont la production ne dépasse pas celle d'un seul domaine de Châteauneuf-du-Pape.

La petite chapelle Saint-Christophe, construite par le chevalier de Sterimberg, est perchée au sommet de la colline. Elle a été restaurée et appartient maintenant à la famille Jaboulet qui appelle ses meilleurs vins La Chapelle (Hermitage rouge) et Chevalier de Sterimberg (Hermitage blanc), bien que la chapelle soit entourée par les vignes de Chapoutier.

L'Hermitage fut l'un des plus grands vins de France, servi à la cour de Louis XIII et à celle des tzars. Au XIXe siècle, c'était même un des plus chers, puis vint le phylloxera et la destruction du vignoble. Celui-ci fut reconstitué, mais son vin ne retrouva pas la même qualité ; on ne s'en servit plus pour «hermitager» (renforcer) les grands Bordeaux.

La roche granitique d'Hermitage est recouverte d'une couche superficielle faite principalement de craie et de silex décomposés. La Syrah est le cépage le plus abondant, les emplacements plus argileux étant réservés aux cépages blancs Marsanne et Roussanne. Le Viognier n'est pas cultivé ici.

La colline est admirablement exposée. Tournées vers le sud-ouest, ses pentes bénéficient des derniers rayons du soleil, longtemps après que les vignobles de la rive droite ont été plongés dans l'ombre. Le granit sert aussi d'accumulateur de chaleur, si bien que la température moyenne du vignoble, élevée pour cette latitude, atteint 13°.

On trouve sur la colline, dont le sol granitique n'est pas homogène, plusieurs pentes distinctes divisées en différents vignobles ayant leurs caractéristiques propres. Les Bessards, sur la pente la plus au nord, au sol cristallin, donne les vins les plus profondément colorés, les plus concentrés et les plus tanniques. Le Méal, qui jouxte les Bessards au sud-est, dont le sol contient des dépôts alluviaux, donne des vins que l'on juge encore meilleurs, plus corpulents, parfumés et souples plutôt que puissants et tanniques. Celui des Greffieux, en bas de la colline, sous le Méal directement derrière Tain-l'Hermitage, est schisteux ; ses vins sont par conséquent plus légers, veloutés et parfumés que ceux des Bessards. On cultive aussi des vignes blanches sur les Greffieux.

Les autres vignobles blancs célèbres comprennent les Roucoules, les Murets, les Donnières et Chante-Alouette. Ce dernier, un monopole Chapoutier, plus haut sur la colline que les Roucoules et les Murets, se trouve à l'ouest du Méal. Aux Murets, la craie et un peu de silex conviennent bien aux vignes blanches. Plus bas, les Donnières donnent des vins caractérisés par la finesse et l'élégance, tandis que les Roucoules donnent un blanc plus classique, robuste et noi-

seté. Le célèbre vignoble de La Chapelle, dont Paul Jaboulet Aîné ne possède qu'une partie, se trouve au sommet de la colline.

Comme ceux de Côte-Rôtie, la plupart des producteurs d'Hermitage n'embouteillent pas séparément leurs crus. Quelques vins sont issus d'une seule parcelle, comme les Hermitage blanc Chante-Alouette de Chapoutier et les Roucoules de Marc Sorrel. Ce dernier produit l'Hermitage rouge Le Gréal, qui est un assemblage de vins du Méal et des Greffieux. Quelques crus mis à part, les producteurs d'Hermitage procèdent donc à des assemblages de vins de différentes parcelles, auxquels ils donnent souvent un nom de marque comme par exemple La Sizeranne (rouge) de Chapoutier, la Cuvée Marquise de La Tourette (rouge et blanc) de Delas, la Cuvée Le Reverdy (blanc) et la Cuvée Les Miaux (rouge) de Ferraton. Il ne faut pas confondre ces «cuvées» avec les crus issus d'une seule parcelle, bien qu'elles puissent être de meilleure qualité que ceux-ci, sauf les meilleurs.

L'Hermitage rouge est généralement élaboré de manière traditionnelle : vinification en cuves de bois et élevage en vieux fûts de chêne. Delas Frères, à Tournon, ont un équipement plus moderne que celui de nombreux autres producteurs. Leurs vins sont élevés dans des caves climatisées, même ceux qui sont logés dans des foudres en bois ou de petits fûts. On ne voit pas davantage de chêne neuf à Hermitage qu'à Côte-Rôtie. Toutefois Gérard Chave et Jean-Louis Grippat ont avoué avoir acquis respectivement une et trois barriques neuves pour procéder à des expériences. L'opinion générale est que l'Hermitage possède en lui-même, sans que les apports du chêne neuf soient nécessaires, l'équilibre et la concentration assurant sa longévité exceptionnelle.

Pour l'Hermitage rouge, une macération longue permet une extraction maximale des composés solides. Elle est suivie d'un élevage dans le bois qui peut durer de quelques mois à trois ans et demi (chez Guigal). Le règlement de l'appellation autorise 15 % de vigne blanche dans l'encépagement de l'Hermitage rouge. Les rares vinificateurs ajoutant du raisin blanc dans la cuve de fermentation n'en mettent pas plus de 5 %. La grande majorité des producteurs estime que les meilleurs vins sont engendrés par la seule Syrah.

Un bon Hermitage ne se laisse pas approcher avant cinq ans. Il aura alors une robe sombre et profonde, rouge violacé et un nez encore fermé de chocolat amer, d'épices et de mûres. Ce vin est difficile à déguster dans sa jeunesse. La Syrah exige du temps pour déployer son fruit et sa finesse, quand le tanin commence à s'atténuer, et cela est particulièrement vrai de l'Hermitage qui peut vivre quarante ans et même davantage pour les meilleurs millésimes. Il a alors un nez fumé, rond et complexe et une bouche persistante, riche, veloutée et souple.

L'Hermitage blanc compte pour environ le quart de la production de l'appellation. Les cépages autorisés sont la Marsanne et la Roussanne, mais celle-ci étant difficile à cultiver, la Marsanne domine largement. Toutefois un clone de Roussanne moins vulnérable a été introduit récemment. L'Hermitage blanc est élaboré de manière traditionnelle (sauf chez Paul Jaboulet); il est logé un certain temps en fûts de chêne avant embouteillage. Jeune, un bon Hermitage blanc est pâle, avec un nez noiseté, un arôme de pêche ou d'abricot et une nuance fumée qui s'affirme avec l'âge tout en s'adoucissant. L'Hermitage blanc est toujours sec, mais avec une ampleur, une profondeur, une richesse et une acidité qui lui donnent longue vie. À huit ans, il peut être encore dans la fleur de l'âge. Un Hermitage blanc 1955 de Chapoutier dégusté en 1983 avait une couleur or orangé profonde et était encore fruité, riche et intéressant. L'Hermitage blanc 1929 de Chapoutier est toujours magnifique alors que le rouge du même millésime est passé depuis longtemps.

Le Chevalier de Sterimberg – Hermitage blanc de Jaboulet – est un vin moderne (fermentation à basse température et pas d'élevage dans le bois), beaucoup plus léger, qui ne montre guère de complexité ni de longévité.

Chave, Chapoutier et Ferraton font encore du vin de paille, qui est un vin naturellement doux (à ne pas confondre avec un vin doux naturel muté à l'alcool – *voir* pages 24/25) titrant environ 17°, issu de raisin surmûri très riche en sucre. Cette production est confidentielle.

On trouve des Hermitage de très grande qualité aussi bien chez les négociants que chez les viticulteurs. Parmi les bons négociants, Paul Jaboulet Aîné et Max Chapoutier sont installés à Tain-l'Hermitage, Delas Frères à Tournon, sur l'autre rive et Étienne Guigal à Ampuis (Côte-Rôtie). Tous ces négociants, sauf Guigal, ont des vignes à Hermitage et achètent aussi du raisin à d'autres viticulteurs.

Il n'y a aucun doute que l'Hermitage La Chapelle de Paul Jaboulet est un des plus grands vins

*Tain-l'Hermitage et la célèbre colline sur laquelle
trône la Chapelle Saint-Christophe. Ce vignoble
miraculeux donne un des plus grands vins rouges du monde.*

Tout l'Hermitage rouge est issu de la seule Syrah,
pourtant son caractère varie selon la composition du sol
et l'exposition, très diverses, des parcelles.

rouges du monde. C'est un vin extrêmement puissant demandant quinze ans ou davantage pour atteindre son apogée et qui est presque éternel. Il n'est pas élevé dans du bois neuf, mais passe un peu plus d'un an dans des fûts vieux d'un an ou deux, si bien qu'il possède des nuances boisées. Il a une belle couleur sombre, un bouquet somptueux et complexe, une bouche riche et persistante. Les vins de Chapoutier et de Guigal, qui sont élevés deux ans et demi dans du vieux bois, sont plus souples et moins tanniques. L'Hermitage de Chapoutier est parfois léger et un peu mince; les bons millésimes, il est mûr, ample et épicé. La robe de celui de Guigal est une des plus sombres que l'on puisse trouver. Dans les caves modernes de Delas, on fait un Hermitage franc avec beaucoup de chair; sa forte proportion de vin des Bessards lui donne une bonne profondeur et une bonne concentration.

Gérard Chave est sans doute le meilleur viticulteur. Son vin passe près de deux ans en barrique et il a une longévité presque aussi grande que le La Chapelle, mais il s'ouvre plus vite, après sept ou huit ans. Il est remarquable les années moyennes et superbe les grandes années, plus fin, mais moins intense que celui de Paul Jaboulet. Ces deux Hermitage sont parmi les meilleurs vins rouges que la France puisse offrir.

L'Hermitage de Marc Sorrel est délicieusement aromatique. Son velouté dissimule une solide charpente tannique lui permettant de bien vieillir. Michel Ferraton, qui fait partie des meilleurs viticulteurs, élabore un vin moins tannique, souple et riche avec beaucoup de fruit et des arômes de venaison.

La Cave Coopérative de Vins Fins, à Tain-l'Hermitage produit le quart de l'Hermitage ainsi que d'autres vins comme le Cornas et le Saint-Joseph.

HERMITAGE	
Meilleurs producteurs	**Autres producteurs recommandés**
Paul Jaboulet Aîné Jean-Louis Chave*	Cave coopérative de Tain Étienne Guigal Max Chapoutier* Delas Frères* Jean-Louis Grippat* B. Faurie Jean & Michel Ferraton
* bons blancs	Marc Sorrel*

CROZES-HERMITAGE

La réputation du Crozes-Hermitage a toujours bénéficié de son voisinage avec le grand Hermitage (et de la présence de ce nom prestigieux dans celui de l'appellation). La commission de dégustation du Congrès vinicole de Lyon, en 1846, a noté : « s'ils ne sont pas frères, alors ils sont cousins ». À cette époque, on ne faisait du Crozes-Hermitage que sur la commune du même nom dont une partie sera ensuite classée, vu la qualité de ses vins, dans l'appellation Hermitage.

Aujourd'hui, l'appellation Crozes-Hermitage, dont la commune de Tain-l'Hermitage forme le centre, comprend neuf autres communes : au nord, Gervans, Larnage, Érôme, Servès et Crozes-Hermitage elle-même; à l'est, Mercurol et Chanos-Curson; au sud, Beaumont-Monteux, Pont-de-l'Isère et La Roche-de-Glun. L'aire d'appellation couvre 4 800 ha, mais il n'y a qu'environ 800 ha de vignobles – 50 % de plus qu'il y a quinze ans – produisant six fois plus de vin qu'à Hermitage.

Le Crozes-Hermitage n'a pas, et de loin, la même classe que l'Hermitage. Le rouge, particulièrement, manque de la finesse, de la concentration et de l'équilibre que l'Hermitage peut offrir et il a une espérance de vie considérablement plus courte.

Le vignoble entoure la colline d'Hermitage et jouit donc du même climat, mais les pentes ne sont pas aussi raides ni aussi hautes et l'exposition moins favorable. L'encépagement est le même : Syrah pour le rouge, Marsanne et un peu de Roussanne pour le blanc. La différence entre les vins des deux appellations est surtout due à la différence des sols. Dans l'appellation Crozes-Hermitage, leur composition varie suivant les vignobles, mais ils sont généralement plus argileux. Les meilleurs rouges viennent de Larnage et Gervans où le vignoble est bien exposé sur des pentes dominant le fleuve. Le sol est granitique à Gervans, mais plus lourd et plus argileux à Larnage. Les meilleurs blancs viennent des vignobles situés sur les pentes près de Mercurol dont le sol plus sableux convient mieux aux cépages blancs, mais qui peut aussi donner des rouges très élégants.

Dans le reste de l'appellation, les vignobles sont moins accidentés, ce qui permet de mécaniser la culture – c'est le seul endroit dans les Côtes-du-Rhône septentrionales. Cela explique pourquoi le vignoble s'agrandit dans les zones plates, vers Pont-de-l'Isère.

Le Crozes-Hermitage rouge est issu exclusivement de la Syrah. Traditionnellement, il est élaboré comme l'Hermitage, sinon que la macération est plus courte. Il a toujours été prêt à boire plus vite que l'Hermitage, puisqu'il s'ouvre généralement vers quatre ans. Pourtant, depuis quelques années, on trouve dans le commerce de détail du vin n'ayant que deux ans, consommable sur le champ, encore qu'un séjour un peu plus long en bouteille serait désirable. La raison en est l'apparition dans l'appellation de la vinification par macération carbonique (*voir* page 22) que l'on ne pratiquait précédemment, dans la vallée du Rhône, que dans les vignobles méridionaux. La Cave Coopérative de vins Fins, à Tain-l'Hermitage, notamment, l'utilise pour élaborer des vins à boire rapidement. Ceux-ci sont mieux structurés qu'il y a quelques années, quand la coopérative essayait cette méthode pour la première fois.

Il va de soi que l'on obtient un vin plus concentré en bridant le rendement (le maximum autorisé est de 50 hl/ha à Crozes-Hermitage et de 40 à Hermitage), en le vinifiant de manière traditionnelle, en prolongeant la cuvaison (contact du vin avec les parties solides) et en l'élevant en fût. À vrai dire, un prix de vente largement inférieur à celui de l'Hermitage n'encourage pas les producteurs à faire un vin meilleur. Paul Jaboulet Aîné fait partie de ceux qui s'y appliquent. Son vin du Domaine de Thalabert, dans la commune de Crozes-Hermitage, est un bel exemple de ce que peut donner la Syrah. Il est élevé près d'une année en fûts de chêne et demande de quatre à huit ans selon les millésimes pour atteindre son apogée. La même entreprise produit une cuvée faite de l'assemblage de divers vins achetés dans toute l'appellation. Autres producteurs de vin « vieux style » : Pierre Ferraton et Jules Fayolle, celui-ci exploitant un vignoble proche de Gervans. Parmi les vins « nouveau style » d'un abord facile, souples, fruités et vinifiés pour être bus assez vite, celui de la Cave des Clairmonts, à Beaumont-Monteux, frais et épicé, présente un bon rapport qualité/prix. La famille Collange fait un vin plus souple au Domaine la Négociale. Charles Tardy et Bernard Ange ont quitté la coopérative de Tain-l'Hermitage en 1979 pour former le G.A.E.C. de la Syrah qui propose des vins de style commercial. Leur rouge passe jusqu'à 18 mois en fût, leur blanc est frais et souple.

Le Crozes-Hermitage blanc compte pour environ un dixième des vins de l'appellation. De manière générale, il est meilleur jeune quand il

Les nombreux panneaux plantés au bord des routes nous rappellent que l'âme de la région est le vin.

possède encore beaucoup de fraîcheur et de fruit. On le vinifie comme l'Hermitage blanc. Un court séjour dans le chêne est bénéfique aux meilleurs vins, mais peut atténuer la vivacité naturelle des autres. On a recours, généralement avec de bons résultats, aux techniques modernes : contrôle rigoureux de la température de fermentation et mise en bouteilles précoce.

Parmi les producteurs de blancs de style traditionnel, il faut citer Chapoutier, qui propose un vin franc, charnu, ayant gardé beaucoup de fruit; Jules Fayolle, qui ne fait que 1 200 bouteilles; Paul Jaboulet Aîné avec La Mule Blanche, issu de leur propre domaine; Delas Frères, dont le vin est étonnamment puissant et aromatique.

La Cave des Clairmonts produit un blanc très commercial de style moderne, comme l'est celui de Marcel Collange dont le vignoble est situé sur l'excellent sol sableux de Mercurol. Tardy & Ange élaborent un blanc 100 % Marsanne vinifié à basse température.

CROZES-HERMITAGE	
Meilleurs producteurs	**Autres producteurs recommandés**

Paul Jaboulet Aîné
Cave des Clairmonts
   (Borja)
Jules Fayolle
Delas Frères
Tardy & Ange
J. & M. Ferraton
	Marcel Collange
	Chapoutier & Cie
	Cave Coopérative des
	   Vins Fins

SAINT-JOSEPH

Créée en 1956, vingt ans après les autres AOC, Saint-Joseph est l'appellation la plus récente et, de loin, la plus grande des Côtes-du-Rhône septentrionales. Selon la légende, la région doit son nom au patron des maris trompés, mais il est plus vraisemblable qu'il vient d'un ancien monastère qui possédait des vignes sur son territoire. Bien qu'elle soit très vaste, l'appellation Saint-Joseph ne compte que 350 ha de vignes, mais le vignoble est en extension.

Située sur la rive droite du Rhône, entre les appellations Condrieu et Cornas, elle s'étend de Chavanay au nord, à Châteaubourg au sud. Les meilleurs vignobles sont situés sur les côtes granitiques dominant le fleuve entre Saint-Jean-de-Muzols et Mauves, communes situées respectivement au nord et au sud de Tournon. Ici, le terrain est suffisamment en pente pour offrir un bon drainage et une bonne exposition. Pourtant, la présence d'un peu d'argile et de sable dans le sol et un ensoleillement inférieur à celui dont bénéficie la colline d'Hermitage engendrent un vin un peu moins «sérieux» que le divin Hermitage et, par conséquent, moins cher. Dans le reste de l'appellation, le terrain est plus plat, plus fertile, et donc moins favorable à la culture de la vigne. Tournon

est particulièrement exposé aux orages, mais si ceux-ci peuvent être catastrophiques dans les vignobles méridionaux, à Saint-Joseph, en revanche, l'eau est vite entraînée au bas des pentes et si le mistral souffle aussitôt après, comme c'est souvent le cas, les vignes sèchent rapidement : le risque de pourriture est donc limité.

L'appellation couvre sept communes, à savoir, du nord au sud, Chavanay, Vion, Lemps, Saint-Jean-de-Muzols, Tournon, Mauves et Glun. Trois seulement, Saint-Jean-de-Muzols, Tournon et Mauves, produisent des vins excellents, celui des quatre autres étant sans conteste de qualité inférieure. Il y a toujours eu une rivalité fraternelle entre les viticulteurs du nord et du sud de Tournon, les premiers ayant une conception plus rustique de leur métier. L'extension du vignoble ne s'effectue malheureusement pas aux meilleurs emplacements : les promoteurs immobiliers de Valence les achètent à prix d'or pour y construire des résidences de luxe. La qualité du Saint-Joseph varie suivant son origine et l'on peut craindre qu'il soit dans l'ensemble moins bon au fur et à mesure que l'on plante de nouvelles vignes.

Le rouge, qui compte pour 80 % de la production de l'appellation, a longtemps été pur Syrah, mais depuis 1980, la réglementation autorise l'ad-

Le vignoble de Saint-Joseph est moins escarpé que celui d'Hermitage,
mais il est aussi défiguré par la publicité des négociants.

dition de raisin blanc dans la cuve de vinification, à concurrence de 10 %. On peut penser que cette facilité avait pour objet d'augmenter la production du rouge – il se vend mieux que le blanc – plutôt que d'améliorer sa qualité.

Le Saint-Joseph rouge n'atteint jamais la profondeur et la concentration de l'Hermitage. Comme certains Crozes-Hermitage, il a moins de corps que la plupart des autres vins rouges des Côtes-du-Rhône septentrionales. En revanche, il possède un bouquet poivré étonnamment plein, évoquant la framboise et la mûre. Il est bien coloré et fruité, mais sans le tanin massif ou l'amertume que l'on trouve dans les Hermitage, Côte-Rôtie et Cornas jeunes. On peut attendre trois ou quatre ans avant de le boire; seuls les grands millésimes se bonifieront au-delà de cinq ans.

Il est vinifié comme l'Hermitage rouge, mais ayant moins de corps, il n'a pas besoin de plus de 18 mois dans le bois, encore que Jean Marsanne, à Mauves, élève parfois le sien plus longtemps. Son vin, puissant, robuste, très fruité et épicé, est un des plus corpulents de l'appellation.

Les rouges de Pierre Coursodon sont aussi parmi les meilleurs. Il est installé à Mauves, comme Jean Marsanne et Gérard Chave, lequel fait un excellent vin très élégant. Sa production – du rouge seulement – n'atteint que le dixième de celle de Coursodon. Un des Saint-Joseph les plus recherchés est la Cuvée des Hospices de Jean-Louis Grippat, un vin rare puisqu'il n'en est fait qu'un millier de bouteilles par an. C'est un des vins les plus remarquables de l'appellation. Sa cuvée normale est beaucoup plus abondante. Autre grand vin, le Clos de l'Arbalestrier d'Émile Florentin, un vin qui peut être très dur dans sa jeunesse et qu'il faut savoir attendre. Le vignoble de Raymond Trollat (installé à Saint-Jean-de-Muzols) fait face à la colline d'Hermitage. Son vin, un peu plus abondant que celui de Grippat, mérite aussi que l'on s'y intéresse.

SAINT-JOSEPH	
Meilleurs producteurs	**Autres producteurs recommandés**
Gérard Chave	Delas Frères
Jean-Louis Grippat	E. Guigal (étiqueté
Raymond Trollat	Vidal-Fleury)
Pierre Coursodon	Bernard Gripa
Dr Émile Florentin	Paul Jaboulet Aîné
	Chapoutier & Cie

Quelques-uns des principaux producteurs font aussi du blanc, qui peut être excellent, plein, avec des arômes de pêche et d'abricot délicieux. Malheureusement, il est trop souvent dur avec un goût de rafle et un bouquet trop ténu. Le blanc est généralement embouteillé jeune pour une consommation rapide et il ne faudrait pas le garder plus de trois ans (il est vrai que certains ont pu conserver leurs qualités une dizaine d'années). Les bons producteurs de blanc comprennent Ber-

nard Gripa, qui possède des vignes autour de Mauves, Jean-Louis Grippat, Raymond Trollat et le Dr Florentin, qui élabore le sien à l'ancienne.

Saint-Joseph possède sa propre coopérative, la Cave Coopérative de Saint-Désirat-Champagne, qui élabore des rouges et des blancs comptant pour les deux tiers de la production de l'appellation. Ses vins ne sont pas exceptionnels. Ceux de la coopérative de Tain-l'Hermitage, qui propose aussi du Saint-Joseph, sont nettement meilleurs.

CORNAS

De tous les vins de France, le Cornas est celui qui peut avoir la robe la plus profonde, presque noire. On sait que Charlemagne s'en fit offrir à la fin du IXe siècle par les moines qui, ici comme ailleurs, étaient aussi vignerons. En plus de sa couleur riche et intense, le Cornas est corpulent, très fruité et tannique mais, curieusement, il n'a pas une longévité aussi impressionnante que celle d'un bon Hermitage ou Côte-Rôtie.

Le vignoble de Cornas, le dernier de la région septentrionale, domine une plaine qui n'est qu'un vide vinicole.

L'appellation est entièrement située sur la rive droite du Rhône, entre celles de Saint-Joseph, au nord, et de Saint-Péray, au sud. Relativement petite, puisqu'elle compte 360 ha dont 60 seulement de vignobles, elle commence à Châteaubourg, s'achève au petit village de Toulaud.

Cornas, comme Côte-Rôtie, est une appellation entièrement rouge. Non seulement on n'y fait pas de blanc, mais encore (contrairement à Côte-Rôtie), on n'y cultive pas de vigne blanche. Pourtant, le chapitre de la Confrérie de la Syrah et de la Roussette s'assemble chaque année en décembre dans le village de Cornas. Roussette est le nom que l'on donne à la Marsanne dans l'appellation Saint-Péray voisine.

Les plus vieux vignobles de Cornas sont accrochés aux pentes qui dominent le village, lequel est suffisamment éloigné du Rhône pour être à l'abri du mistral qui balaie la vallée. Les pentes forment un arc de cercle, ce qui protège la vigne du froid et du vent et lui donne une très bonne exposition au soleil. Elles s'élèvent à une altitude de 250 m et leur inclinaison peut atteindre 45°, ce qui a exigé la construction de terrasses soutenues par des murets. Le mésoclimat dont jouit Cornas et le sol granitique qui joue le rôle d'accumulateur de chaleur font que la Syrah acquiert pendant son mûrissement davantage de pigments et de tanin ici que sur la colline d'Hermitage, située à une dizaine de kilomètres en amont, sur l'autre rive. D'ailleurs, le nom de Cornas vient d'un mot celte signifiant terre brûlée.

Le sol en grande partie granitique et rocheux de Cornas est un important facteur de qualité, comme dans toutes les autres appellations des Côtes-du-Rhône septentrionales. Mais on cultive aussi des vignes sur le sol plus sableux, appelé localement *sabot*, au pied des pentes. Ici, le terrain est suffisamment plat pour permettre la mécanisation de la culture, alors que sur la colline, tout le travail s'effectue nécessairement à la main. Les promoteurs immobiliers de Valence représentent ici une sérieuse menace, comme à Saint-Joseph. Les nouvelles plantations sont de plus en plus effectuées sur des terrains plats, moins favorables. Il n'y a aucun doute que ces vignobles donnent des vins de qualité inférieure, moins puissants et ayant moins de caractère que ceux accrochés sur les pentes.

Écartons ceux-ci, en gardant en mémoire la possible dilution des autres dont ils peuvent être responsables et examinons les Cornas traditionnels, solidement structurés, corpulents et puissants. Cinq facteurs expliquent leurs grandes qualités : une bonne exposition ; un mésoclimat inhabituel (pour la région) ; l'absence de vigne blanche tempérant la férocité de la Syrah bien mûre ; un rendement maximum limité à 35 hl/ha (comparé à 40 hl/ha dans certaines autres appellations de la région) ; une teneur alcoolique de 10,5°, comme le Saint-Joseph (10° pour les Côte-Rôtie, Hermitage et Crozes-Hermitage).

Dans le Cornas jeune, un vin viril aux larges épaules, le fruit et la finesse sont dominés par le tanin et l'acidité. Il semble aussi prometteur qu'un Hermitage, mais ne tient généralement pas la distance. Il faut pourtant attendre six à huit ans pour qu'il parvienne à son apogée, encore que son fruit intense puisse le rendre séduisant bien avant. Afin qu'il reste encore fruité au moment où le tanin s'assouplit, les vinificateurs de Cornas préfèrent abréger la cuvaison : cinq ou six jours au lieu de dix. On obtient ainsi un vin plus tendre, mais les traditionalistes continuent à l'élever dans le chêne pendant dix-huit mois ou davantage. Personne ou presque ne clarifie ni ne filtre son vin : la couleur presque noire du jeune Cornas engendre une chemise opaque après quelques années. Le Cornas est un vin qu'il convient de décanter pour éviter des dépôts dans le verre et pour l'aérer afin qu'il se montre sous son meilleur jour.

Le vigneron le plus connu de Cornas est Auguste Clape. Sa réputation est telle qu'il ne peut satisfaire la demande, bien qu'il ait graduellement agrandi son vignoble. Sa production atteint maintenant quelque 24 000 bouteilles. Il vinifie de manière traditionnelle et son vin exige, selon le millésime, de six à huit ans pour s'ouvrir.

Un autre vigneron gardien de la tradition, Robert Michel, vient d'une famille qui fait du vin depuis 400 ans. Son Cornas, issu presque exclusivement de vignobles de coteau, est sans doute le

CORNAS	
Meilleurs producteurs	**Autres producteurs recommandés**
Auguste Clape	Marcel Juge
Louis Verset	Jean Lionnet
Robert Michel	Paul Jaboulet Aîné
Guy de Barjac	Chapoutier et Cie
	Delas Frères
	Cave Coopérative de Tain
	Alain Voge

plus robuste et le plus concentré de toute l'appellation.

À côté des caves de Robert Michel, on trouve celles de Guy de Barjac. Celui-ci ne fait cuver son vin que six jours, afin qu'il puisse déployer toute son élégance avant que le fruit ne s'estompe, mais il ne le clarifie ni ne le filtre. Son Cornas rouge est fruité, aromatique et bien en chair. Il est souvent délicieux même dans sa prime jeunesse.

Le vignoble de Louis Verset bénéficie d'une des meilleures expositions de l'appellation. Il en tire un vin profond et concentré, élaboré à l'ancienne, qui exige d'être attendu longtemps, mais jouit d'une longue vie après sa maturité.

Parmi les négociants, Chapoutier, Jaboulet et Delas proposent des Cornas respectables, parfois excellents. Personnellement, j'ai toujours apprécié ceux proposés par la Coopérative de Vins Fins de Tain-l'Hermitage.

SAINT-PÉRAY

Saint-Péray, contigu de Cornas au nord, est le dernier vignoble AOC des Côtes-du-Rhône septentrionales. Le petit village de Saint-Péray est la porte ouvrant sur la Corniche de l'Eyrieux qui offre une vue splendide sur les collines du Vivarais. À 200 m au-dessus de la plaine, les ruines du château de Crussol dominent Saint-Péray. De ce nid d'aigle du XIIe siècle, on jouit d'une vue fabuleuse sur Valence et la vallée du Rhône.

Le Saint-Péray fut autrefois célèbre. Bonaparte a raconté qu'il lui doit d'avoir découvert le plaisir de boire du vin. Richard Wagner, au milieu de la composition de *Parsifal,* en fit venir cent bouteilles à Bayreuth, sans doute pour stimuler son inspiration.

De nos jours, on ne connaît plus guère les vins de Saint-Péray, qui sont tous des blancs. 80 % de la production de ce blanc sec est consacrée à l'élaboration de vin effervescent. Les cépages sont la Marsanne (que l'on appelle ici Roussette), qui occupe les quatre cinquièmes du vignoble, et la Roussanne.

Les sols de l'appellation sont de composition variable, mais ils ne comprennent pas de craie, contrairement à ceux de la Champagne. C'est une des raisons, avec le climat plus chaud et des cépages différents, pour lesquelles le Saint-Péray mousseux ressemble si peu au Champagne.

Le vin de base pour l'élaboration des vins effervescents doit conserver une acidité assez forte. Il est donc indispensable, dans le vignoble de Saint-Péray bien exposé au soleil, de cueillir le raisin destiné au mousseux avant tout risque de surmûrissement. Habituellement, il est vendangé relativement tôt, au début d'octobre, la vendange du raisin destiné au vin tranquille ayant lieu environ une semaine plus tard.

Le Saint-Péray tranquille est vinifié comme les autres blancs des Côtes-du-Rhône septentrionales et il fait un peu de bois. Il peut en résulter un vin lourd qui n'est pas à l'abri de l'oxydation, mais le meilleur est suffisamment charpenté et a assez de chair pour survivre jusqu'à dix ans en bouteille. Normalement, il faut boire le Saint-Péray tranquille dans les cinq ans. Il sera rarement autre chose qu'un vin robuste, un peu épais, avec, pour le meilleur, un bouquet noiseté de pêche. Ce vin, qui possède peu d'acidité, sauf les mauvaises années, prend une couleur plus profonde et devient plus tendre avec l'âge.

Le Saint-Péray mousseux, reconnu comme un des meilleurs vins effervescents de France, est élaboré selon la même technique que le Champagne. Il est plus rond, plus fruité et moins acide que celui-ci. À la dégustation, on sait aussitôt que l'on a affaire à un vin du sud. Je trouve au meilleur le parfum de poire caractéristique de la Marsanne et de la Roussanne.

La Cave des Vignerons de Saint-Péray assure 75 % de la production de l'appellation. Quelques viticulteurs de Cornas dont Auguste Clape, Alain Voge, Marcel Juge et Jean Teysseire font aussi un peu de Saint-Péray. Les deux négociants-éleveurs de Saint-Péray les plus connus sont Eugène Verilhac et Gilles Père & Fils.

Jean-François Chaboud et Pierre Darona sont les viticulteurs les plus connus. Ils font un peu de vin tranquille, mais le gros de leur production est élaboré en mousseux. Michel Milliand, autre viticulteur respecté, possède 7 ha de vignes disséminées dans toute l'appellation, ce qui lui permet d'offrir un vin d'assemblage de qualité régulière. Parmi les négociants étrangers à l'appellation, Delas Frères produit un Saint-Péray tranquille très respectable.

SAINT-PÉRAY	
Meilleurs producteurs	
Cave des Vigneronss de Saint-Péray Jean-François Chaboud	Pierre Darona Jean Teysseire Delas Frères

VIGNOBLES MÉRIDIONAUX

CHÂTEAUNEUF-DU-PAPE

Châteauneuf-du-Pape est un nom familier même à ceux qui ne s'intéressent pas particulièrement à l'oenologie. Comme Saint-Émilion et Nuits-Saint-Georges, Châteauneuf-du-Pape évoque pour eux davantage un style de vin qu'un vin particulier.

C'est au début du XIVe siècle que le deuxième pape d'Avignon, Jean XXII, fit reconstituer le vignoble, laissé à l'abandon depuis que Philippe le Bel avait confisqué les biens des Templiers. Le vignoble prit de l'extension au fur et à mesure que la réputation de son vin s'affirmait. Au XVIIIe siècle, le vin de la région était encore vendu en fûts sous le nom de Vin d'Avignon.

Le premier vin de Châteauneuf vendu en bouteilles fut le Château La Nerthe, en 1785, suivi par celui du Domaine de la Solitude, en 1815. Jusqu'à la seconde partie du XIXe siècle, le Château La Nerthe était le vin le plus apprécié et le plus exporté. À cette époque, le vin de Châteauneuf n'était pas étiqueté Châteauneuf-du-Pape, mais Châteauneuf-Calcernier, du nom des carrières exploitées dans le voisinage.

Comme partout ailleurs, le vignoble fut dévasté par le phylloxera à la fin du XIXe siècle et il ne retrouva sa surface antérieure que peu avant la Grande Guerre. La réputation du Châteauneuf-du-Pape grandissant, de nombreux vins d'origine diverse furent vendus sous son étiquette. Pour lutter contre cette fraude, les producteurs – sous l'impulsion d'un des leurs, le baron Le Roy de Boiseaumarié – créèrent en 1923 une association de défense. Celle-ci a défini six conditions que les producteurs devaient remplir pour que leur vin eût droit à la dénomination Châteauneuf-du-Pape :

(1) Le raisin doit provenir d'une région délimitée et de terrains propices à la viticulture.

(2) Seuls des cépages déterminés peuvent être cultivés.

(3) Des méthodes culturales définies doivent être appliquées.

(4) Le vin doit titrer au minimum 12,5 °.

(5) Au moins 5 % de la vendange doivent être éliminés par triage afin que seul le raisin sain et suffisamment mûr soit utilisé.

(6) Le vin doit être rouge ou blanc (pas de rosé) et avoir été retenu par une commission de dégustation.

Ces dispositions, uniques à l'époque, marquent un tournant dans l'histoire de la viti-viniculture en France, car elles ont inspiré la législation de l'appellation d'origine contrôlée mis en place à partir de 1936. Elles gouvernent encore aujourd'hui, pour l'essentiel, la production du Châteauneuf-du-Pape. Deux dispositions nouvelles furent ajoutées en 1954 : le survol de la commune de Châteauneuf-du-Pape est interdit aux soucoupes volantes ; celle qui s'y poserait serait aussitôt immergée dans l'étang !

Le vignoble, qui compte quelque 3 150 ha, couvre la presque totalité de l'aire d'appellation. Celle-ci s'étend à 5 communes de la rive gauche du Rhône : Orange, Courthézon, Châteauneuf-du-Pape, Bédarrides et Orange. Elle commence au sud d'Orange et de Jonquière et finit une quinzaine de kilomètres plus loin, au nord d'Avignon.

Une partie du vignoble est couverte de cailloux roulés couleur crème et rouille abandonnés par les glaciers alpins il y a des millénaires. Ils sont particulièrement abondants au nord et au nord-ouest de Châteauneuf-du-Pape, notamment dans les domaines de Mont-Redon et de Cabrières, où ils cachent complètement le sol. Les vignobles de l'est de l'appellation sont généralement moins caillouteux – à l'exception de celui du Domaine du Vieux-Télégraphe – avec un sol en partie argilo-sableux, tandis que ceux du sud sont plus graveleux. Ces zones donnent des vins dont la teneur alcoolique est inférieure.

La production de l'appellation est essentiellement rouge, le blanc ne comptant que pour environ 4 %. Il n'y a pas de rosé. Treize cépages sont autorisés, huit rouges et cinq blancs qui, le plus souvent, cuvent ensemble. Les cépages rouges sont le Grenache, la Syrah, le Cinsault et le Mourvèdre assistés par le Terret Noir, le Muscardin, le Vaccarèse (Camarèse), la Counoise (souvent confondue avec l'Aubun). Les cépages blancs qui, curieusement, ne comprennent pas le Grenache blanc autorisé ailleurs dans la vallée du Rhône, sont la Clairette, le Bourboulenc, la Roussanne, le Picpoul et le Picardan (Oeillade). La plupart des producteurs n'utilisent qu'un nombre limité de ces treize cépages, le plus abondant étant le Grenache. Le Château Rayas, par exemple, est presque pur Grenache (avec un peu de Syrah et de Cinsault, vinifiés séparément) tandis que le Château de Beaucastel, le Domaine du Mont-Redon et le Domaine de Nalys font appel aux treize cépages, ce qui est peu courant. Les opinions des viticulteurs sur les mérites respectifs des cépages divergent. François Perrin, du Château de Beaucastel ne ressent aucune passion pour le Cinsault auquel il préfère la Counoise, beaucoup moins connue. Il est aussi persuadé que le Mourvèdre est un cépage promis à un grand avenir. À la fin du

siècle dernier, le commandant Ducos, propriétaire du célèbre Château de la Nerthe, révèla ce qui était, à son avis, la proportion idéale des cépages et les qualités qu'ils apportaient à son vin : au plus 2/10 de Grenache et Cinsault – « chaleur, liqueur, moelleux » ; 4/10 de Mourvèdre, Syrah, Muscardin et Camarèse (Vaccarèse) – « solidité, conserve, couleur et un goût désaltérant » ; 3/10 de Counoise et Picpoul noir – « vinosité, agrément, fraîcheur et bouquet particulier » ; 1/10 de Clairette et Bourboulenc (cépages blancs) – « finesse, feu, brillant ». Sa recette ne comprenait donc pas les treize cépages. À cette

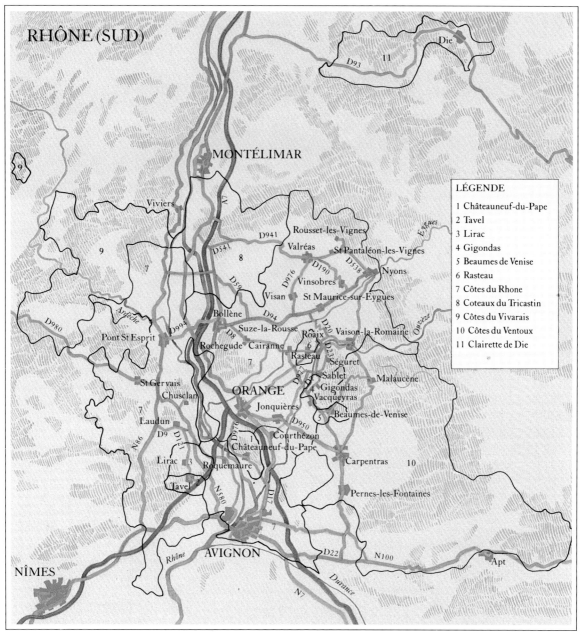

*Il y a bien longtemps que l'on ne danse plus en rond sur le pont d'Avignon,
étape obligée des touristes.*

époque déjà, la plupart des domaines limitaient leur encépagement à quelques cépages. Aujourd'hui, le Grenache est de loin le cépage dominant, la majorité des producteurs l'ayant porté à 60-75 % pour augmenter la richesse alcoolique de leur vin, tandis que la Syrah, appréciée pour sa puissance aromatique, se développe au détriment des cépages moins connus.

Les règles définies en 1923 sous l'impulsion du baron Le Roy sont toujours appliquées. Ainsi, au moment de la vendange (chaque cépage est récolté séparément), on rejette au minimum 5 % du raisin. Cela permet, théoriquement, d'éliminer les grappes malsaines et celles insuffisamment mûres, mais dans la pratique, il est difficile de surveiller partout l'efficacité du tri : il n'est donc pas certain qu'il soit généralement aussi sévère et l'on peut imaginer que la vendange n'est parfois pas triée du tout. Toutefois, on peut être assuré que le tri est rigoureux dans les domaines dont le vin est réputé.

Le style et la qualité du Châteauneuf-du-Pape ne sont pas homogènes, en raison non seulement des multilples combinaisons possibles des treize cépages et des variations de la nature du sol, mais encore des différentes méthodes de vinification. La méthode classique exige une longue macération du moût en fermentation avec les parties solides (peaux) du raisin, à température assez élevée, pour obtenir un vin robuste, très coloré, tannique et de longue garde. C'est le cas de certains des vins les plus connus : les Clés d'Or, le Château de Beaucastel et le Clos du Mont-Olivet. Au château de Beaucastel, on chauffe la vendange avant vinification, ce qui permet d'éviter l'apport habituel d'anhydride sulfureux.

La macération semi-carbonique, dérivée de la macération beaujolaise et qui a été adoptée dans la vallée du Rhône, est aussi utilisée pour l'élaboration de certains Châteauneuf-du-Pape, par exemple aux domaines de la Solitude et de Nalys. Cependant, la majorité des producteurs associent les deux méthodes : la vinification traditionnelle pour la Syrah, le Mourvèdre et une partie du Grenache ; la

Étonnant château néo-féodal des Fines Roches, où l'on élabore un excellent Châteauneuf-du-Pape.

vinification de grains entiers ou macération semi-carbonique pour le reste (principalement Grenache et Cinsault). Le vin obtenu ainsi possède des arômes de fruit frais et une certaine souplesse tout en ayant la structure, le corps et le tanin qui lui donnent une longévité de quelques années. De nombreux domaines élèvent leur vin en barrique.

Il est difficile de décrire avec précision la saveur et le bouquet du Châteauneuf-du-Pape rouge. Contrairement à l'Hermitage ou au Côte-Rôtie, il ne révèle pas un cépage caractéristique. Les meilleurs vins sont amples, corsés et fermement charpentés, avec une robe intense et un bouquet complexe de fruits mûrs, de viande rôtie ou de venaison auquel s'ajoutent des odeurs de fumée, de cuir et des nuances épicées.

Le titre alcoométrique minimum est de 12,5°, le plus élevé de France, mais il atteint souvent 14° ou même davantage. Le Châteauneuf-du-Pape rouge demande quatre à cinq ans pour parvenir à sa plénitude et sa longévité est de 8 à 10 ans – les meil-leurs de grands millésimes atteignent aisément 20 ans.

Le Châteauneuf-du-Pape blanc peut être riche, aromatique et assez vif, mais il est trop souvent empâté. Il se boit jeune et frais. Le Domaine de Nalys, le Clos de l'Oratoire des Papes, le Château Rayas et le Domaine du Vieux-Télégraphe font partie des meilleurs.

Le Châteauneuf-du-Pape mis en bouteilles au domaine – environ le quart de la production – peut être logé dans la bouteille lourde portant les armes de la papauté et le nom de l'appellation en relief. Le Château Rayas et le Château de La Gardine ont leur propre bouteille spéciale. On voit parfois aussi une bouteille torsadée.

Il existe deux groupements de producteurs distincts, dont les vins sont parmi les meilleurs de l'appellation. Le premier, Prestige & Tradition, comprend dix producteurs qui se sont associés pour l'embouteillage et le stockage de leurs vins (en quelque sorte une mini-coopérative). Le célèbre

Domaine de la Solitude, qui en fait partie, est aussi membre du second, Les Reflets, créé en 1954 et principalement animé par trois domaines bien connus : Les Cailloux, Chante-Perdrix et Clos du Mont-Olivet.

Il n'existe qu'une cave coopérative dans l'appellation : le Cellier des Princes, à Courthézon, qui produit un Châteauneuf-du-Pape rouge très acceptable dont la maturité est précoce.

Il n'existe pas de classement comme dans le Médoc, mais certains domaines produisent avec régularité des vins supérieurs à la moyenne. Un des vins que je préfère est le Vieux-Télégraphe, dont Henri Brunier est le propriétaire. Celui-ci vinifie ses vins dans des cuves en acier inoxydable, puis il les transfère dans des cuves en ciment où ils font leur fermentation malolactique avant d'être élevés dans le chêne pendant une année. Le Grenache compte pour 70 % de l'encépagement, mais les vignes étant, en moyenne, âgées de plus de quarante ans, elles donnent un vin riche, ample et concentré qui diffère absolument des vins dilués genre Côtes-du-Rhône de vignes jeunes, rappelant la confiture de fraises. Les 30 % restants sont des vignes plus jeunes de Syrah, Mourvèdre et Cinsault. Le résultat final est un vin profond, bien structuré, que les méthodes modernes de vinification ont rendu souple et charmant plutôt que massif et puissant. Quand il est parvenu à maturité (en quelques années), le Vieux-Télégraphe est élégant, bien équilibré et très aromatique.

Le Château de Beaucastel est complètement différent. D'abord François Perrin cultive les treize cépages (au lieu de quatre) avec une forte proportion de Mourvèdre (30 %) ; ensuite, son vin a une couleur et des arômes extraordinairement profonds, une puissance et un tanin énormes ; enfin, il l'élève en foudres de chêne et ne le filtre pas afin de préserver ses nuances aromatiques, mais se borne à le clarifier au blanc d'œuf, ce qui évite un dépôt trop abondant dans la bouteille. Contrairement au Vieux-Télégraphe, le robuste et massif Beaucastel rouge, qui jouit de la plus grande longévité de tous les Châteauneuf-du-Pape, exige d'être attendu longtemps avant que son tanin ne s'estompe pour laisser le fruit se déployer. Le Beaucastel blanc peut bien veillir, ce qui n'est pas le cas des autres blancs de l'appellation.

Le troisième des Châteauneuf indiscutablement supérieurs – et le plus cher – est le Château Rayas. On pourrait s'en étonner puisqu'il est presque pur Grenache, mais ses vignes, admirablement tenues, sont âgées de 55 à 70 ans, et le rendement est délibérément très bas. Le Rayas est majestueux, opulent, concentré et épicé. Sa longévité égale presque celle du Beaucastel. Quand la qualité du millésime est jugée insuffisante, le vin est étiqueté Château Pignan. Il existe aussi une production minuscule de Château Rayas blanc.

Le plus séduisant de ces trois Châteauneuf exceptionnels, dégustés dans leur prime jeunesse, est certainement le Vieux-Télégraphe que l'on pourrait qualifier de féminin. Le Beaucastel, qui associe les treize cépages, est plus complexe que le Rayas, mais l'un et l'autre sont suprêmement concentrés. Comme le Vieux-Télégraphe, le Beaucastel supporte d'être bu jeune.

Il ne manque pas d'autres domaines produisant du Châteauneuf-du-Pape de qualité (*voir* le tableau ci-contre). Parmi eux, le Château de La Nerthe et le Domaine de Mont-Redon méritent une mention.

Le premier, historiquement le plus célèbre, a été racheté en 1985 par une maison de négoce, David et Foillard, qui a entrepris d'agrandir le vignoble. Il y a une cuvée normale, puissante, solidement charpentée et fruitée, et une cuvée « vieilles vignes », la Cuvée Les Cadettes, plus concentrée. Des essais de chêne neuf sont en cours.

Le second est le plus vaste domaine de l'appellation. Il compte 130 ha, soit à peu près la surface de toute la Côte-Rôtie. Le Mont-Redon rouge est bon, pas trop lourd – son style a été allégé depuis quelques années – et de qualité régulière, tandis que le blanc est le plus abondant de l'appellation (quelque 60 000 bouteilles). Le domaine distille un peu de marc de Châteauneuf-du-Pape, destiné à une clientèle particulière.

On ne peut ignorer que, malheureusement, il y a des Châteauneuf-du-Pape exécrables qui ternissent la réputation des autres, plus nombreux. La plupart des coupables sont des négociants (y compris ceux de Bourgogne ayant des vins du Rhône sur leur liste) qui sont intéressés par la quantité, au détriment de la qualité. Les négociants figurant dans le tableau proposent des vins acceptables et bien typés, mais qui n'appartiennent pas à la même classe (et ne sont pas au même prix) que ceux des bons domaines.

La ville de Châteauneuf-du-Pape est dominée par cette ruine,
tout ce qui reste du château fort édifié par le pape Jean XXII.

CHÂTEAUNEUF-DU-PAPE		
Meilleurs producteurs	**Autres producteurs recommandés**	**Coopérative et négociants**
Château Rayas Château de Beaucastel Domaine du Vieux-Télégraphe	Domaine de Mont-Redon Château de La Nerthe Domaine de Beaurenard Domaine Chante-Cigale Les Clefs d'Or Clos de l'Oratoire des Papes Clos des Papes Clos du Mont-Olivet Château Fortia Cuvée du Vatican Domaine de Nalys Domaine de La Solitude Château des Fines-Roçhes Château de la Gardine Prestige & Tradition Les Reflets	Le Cellier des Princes Caves Saint-Pierre Caves Bessac Delas Frères E. Guigal Paul Jaboulet Aîné

TAVEL

«Tavel 1er Rosé de France» est-il proclamé en lettres géantes sur le toit de la cave coopérative de Tavel. Vous serez d'accord ou pas avec cette affirmation selon que vous aimez votre rosé sec ou doux. En effet, le Tavel est toujours vinifié en sec et c'est certainement un des meilleurs de France. L'appellation ne s'applique qu'au rosé, le rouge et le blanc produits ici étant étiquetés soit Lirac soit Côtes-du-Rhône.

La célébrité de Tavel remonte au XIIIe siècle, quand Philippe le Bel affirma, après avoir goûté le vin, qu'il n'en connaissait pas de meilleur.

Tavel connut la prospérité aux XVIIIe et XIXe siècles : on expédiait alors de grandes quantités de vin de Tavel outre-mer, où l'on estimait qu'il se bonifiait remarquablement pendant le voyage. Aujourd'hui encore, ceux qui pensent que le Tavel est un vin de garde sont nombreux, pourtant sa fraîcheur et son fruité ne sont jamais plus séduisants que dans sa jeunesse.

L'appellation est située sur la rive droite du Rhône, dans le département du Gard, entre Orange et Avignon, assez loin du fleuve. L'autoroute A9 frôle le village, mais il n'y a pas de sortie à cet endroit. C'est une région de garrigues et de coteaux rocheux brûlés par le soleil. Il y a des falaises crayeuses à l'ouest du village qui domine le plateau de Vallongue s'étendant vers le nord.

D'autres rosés sont produits dans les Côtes-du-Rhône méridionales, mais aucun n'approche la qualité du Tavel. Il la doit essentiellement au sol de son vignoble. À première vue, il ne paraît guère différent de celui des meilleurs emplacements de Châteauneuf-du-Pape : mêmes cailloux roulés couleur crème et rouille qui accumulent si bien la chaleur. En revanche, le sous-sol diffère : celui de Châteauneuf, en partie graveleux et argileux, convient mieux aux vins rouges, celui de Tavel, sableux et crayeux, donne des vins plus légers et

est excellent pour la production de rosé. Les vignes sont cultivées à flanc de coteau ainsi que sur le plateau de Vallongue.

Le vignoble, dont la surface a plus que doublé depuis la fin de la guerre, occupe plus de 800 ha dans la commune de Tavel, plus quelques parcelles dans celle de Roquemaure. Neuf cépages sont autorisés. Le Grenache, apprécié pour sa richesse alcoolique, ne peut dépasser 60 % de l'encépagement; le Cinsault doit y figurer pour au moins 15 %; l'infâme Carignan est limité à 10 % tandis que l'aromatique Syrah et le solide Mourvèdre n'ont été inclus qu'en 1969; le sixième cépage rouge, l'obscur Calitor, est en voie de disparition. Les cépages blancs sont la Clairette, le Picpoul et le Bourboulenc.

Bien que la durée de la macération n'excède pas 24 à 48 heures, le Tavel est un des rosés les plus colorés que l'on puisse trouver. Il est essentiel de préserver la fraîcheur du vin, aussi bien la plupart des producteurs utilisent-ils des cuves de vinification en acier inoxydable avec contrôle de la température. La fermentation dure une semaine en moyenne. La plupart des Tavel sont des rosés de saignée, bien que le rosé de pressurage soit autorisé. Certains producteurs préfèrent, afin de conserver le maximum d'acidité et de vivacité, interdire la fermentation malolactique. La mise en bouteilles a lieu au printemps.

Le Tavel peut facilement atteindre une teneur alcoolique de 13 ou 14°, or un excès d'alcool peut déséquilibrer un vin. C'est pourquoi la proportion de Grenache a été limitée. Un Tavel jeune doit être frais, vif et stimulant, avec une saveur épicée, une bonne longueur en bouche et un bouquet floral auquel se mêle un arôme de fraise. Il est si généreux que la tentation de le faire vieillir est forte, pourtant, il ne se bonifie pas avec le temps, bien au contraire.

Plus de la moitié du Tavel est vinifié par la coopérative et l'on trouve quelques vignerons indépendants. Les autres viticulteurs vendent leur raisin aux négociants.

TAVEL	
Producteurs recommandés	
Les Vignerons de Tavel (coopérative)	M. Roudil (Le Vieux Moulin de Tavel)
M. Méjan-Taulier (Clos Canto-Perdrix)	M. Olivier (Château d'Aquéria)
M. Maby (Domaine de la Forcadière)	M. Lafond (Domaine de Corne-Loup)
Mme Bernard (Domaine de la Genestière)	

LIRAC

Bien que Lirac bénéficie d'une appellation d'origine contrôlée depuis 1947 et que l'étendue de son vignoble ait triplé depuis, pour atteindre plus de 500 ha, ce vin est méconnu.

Pourtant Lirac devrait être célèbre à deux titres dont un seul est honorable. En 1731, les vignerons des quatre communes formant aujourd'hui l'ap-

*À Tavel, les vignes sont palissées sur fils de fer pour permettre
une meilleure circulation de l'air et faciliter la vendange.
Les rangs espacés autorisent la mécanisation.*

pellation Lirac et celles de Tavel, Orsan, Chusclan et Codolet, furent les premiers à être reconnus officiellement comme producteurs de Côtes-du-Rhône authentique : les lettres CdR furent désormais apposées au fer rouge sur leurs fûts par les magistrats de Roquemaure. Cet événement marque le début d'un assainissement du commerce vinicole qui aboutira à la législation sur les appellations d'origine contrôlée, mais le second marque celui de la plus grande catastrophe ayant jamais frappé la viticulture. Le propriétaire du Château de Clary, à Lirac, désireux d'essayer de nouveaux cépages, en fit venir de l'étranger. Les vignes qu'il importa des États-Unis portaient un puceron meurtrier, *Phylloxera vastatrix* – identifié en 1867 –, qui se multiplia et détruisit en moins d'un demi-siècle la quasi-totalité des vignobles d'Europe et d'Afrique du Nord.

L'appellation jouxte celle de Tavel, au nord (le village de Lirac se trouve sur une petite route, à environ 3 km à l'ouest de Roquemaure). Elle comprend quatre communes : Lirac, Roquemaure, Saint-Géniès-de-Comolas et Saint-Laurent-des-Arbres. Le sol des coteaux, graveleux et sableux, est bien drainé. Le plateau de Roquemaure est couvert de cailloux roulés semblables à ceux des vignobles de Châteauneuf-du-Pape qui se trouvent en face, sur l'autre rive du Rhône. Les vignobles de Lirac sont bien exposés, le climat est chaud et sec, et le raisin mûrit facilement.

La production moyenne de l'appellation Lirac est de l'ordre de 20 000 hl. On y produit surtout du rouge, ainsi qu'un peu de blanc et de rosé. Ce dernier est le frère cadet du Tavel, mais il peut être parfois extrêmement bon. Comme à Tavel, le Grenache domine (maximum autorisé 40 %), suivi du Cinsault. Les autres cépages rouges sont le Carignan (limité à 40 %), le Mourvèdre et le Calitor. Les cépages blancs (qui peuvent être associés aux rouges) sont nombreux : Clairette (minimum

35 % dans le blanc), Ugni Blanc, Bourboulenc, Picpoul, Grenache et Maccabéo. La vendange commence vers la mi-septembre pour les cépages blancs et un peu plus tard pour les rouges.

La macération semi-carbonique a été largement adoptée. Le blanc et le rosé sont mis en bouteilles tôt, afin que leur fraîcheur soit conservée. La plus grande partie du rouge est aussi embouteillée sans attendre, mais au Château Saint-Roch, on élève le vin en cuve pendant une année, puis dans des foudres pendant six mois.

Le Lirac rouge est en général léger et fruité, souvent moins corpulent que les Côtes-du-Rhône-Villages du Vaucluse. Je lui trouve une saveur de prune qu'équilibre bien un arôme de type végétal. Ce vin délicieux, qui doit être bu dans les trois ou quatre ans, présente souvent un remarquable rapport qualité/prix, car il est ignoré de ceux qui ne jurent que par le Gigondas et le Châteauneuf-du-Pape.

En plus des coopératives de Roquemaure et de Saint-Laurent-des-Arbres, l'appellation compte de nombreux domaines non affiliés. Le Château Saint-Roch de Jean-Jacques Verda est très réputé, mais le Château de Clary – de sinistre mémoire – élaboré par un négociant bourguignon et le Château de Ségriès sont aussi d'excellents vins. Le domaine de Castel-Oualou, malgré son nom, ne comprend nul château. Ses propriétaires, rapatriés d'Algérie en 1961, baptisèrent ainsi par dérision la grange qui en tenait lieu. L'étiquette est décorée d'un château de conte de fées barré d'une croix et le vin est délicieux.

André Méjan élabore au domaine portant son nom un des vins les plus corpulents de l'appellation. Son Les Queyrades est bien en chair, rond, tannique dans sa jeunesse et généreusement fruité à maturité. La famille Maby est bien connue à Tavel comme à Lirac. Son La Fermade est un rouge puissant, très coloré et aromatique. Son Lirac blanc est frais et délicieux.

GIGONDAS

Gigondas est la dernière addition à la liste des AOC de la vallée du Rhône et probablement pas la dernière. Elle date de 1971 et ne s'applique qu'au rouge et à une petite production de rosé. On fait aussi du blanc, mais il n'a droit qu'à l'appellation Côtes-du-Rhône. Le pittoresque village de Gigondas est niché dans un paysage de collines, au pied des Dentelles de Montmirail.

Le vignoble de Gigondas a été restructuré depuis

LIRAC	
Producteurs recommandés	
M. Verda (Domaine du Château Saint-Roch)	Mme Pons-Mure (Castel Oualou)
M. de Régis (Château de Ségriès)	M. Lombardo (Domaine du Devoy)
M. Maby (Domaine Maby)	M. Pons-Mure (Domaine de la Tour de Lirac)
M. Mayer (Château de Clary)	M. Méjan (Domaine Méjan)

Bien que son sol soit riche en argile rouge, le vignoble de Gigondas est à une altitude suffisante pour que ses vins ne soient pas mous.

1971 et n'occupe pas toujours les emplacements bénéficiant de la meilleur exposition. Depuis la Deuxième Guerre mondiale, sa surface a triplé. Les parcelles les plus hautes (jusqu'à 600 m) sont situées sur les pentes les plus raides, sur les contreforts des Dentelles de Montmirail. Leur sol jaune est argileux et si sa richesse n'était pas compensée par l'altitude, le Grenache donnerait ici des vins trop lourds.

Quand on s'approche de la vallée de l'Ouvèze, les pentes deviennent moins abruptes et le sol, plus caillouteux, est plus pauvre, donc plus favorable, et son drainage est meilleur. Ce sont les meilleurs emplacements de l'appellation. On y cultive le Grenache, la Syrah, le Cinsault, le Mourvèdre, la Clairette (blanche) et des cépages mineurs. Plus bas encore, dans la plaine sableuse et graveleuse bordant l'Ouzève, on produit les vins les plus robustes et les moins fins.

Gigondas était une ville romaine et l'on y faisait bien évidemment du vin. Son nom viendrait du latin *iocunditas* qui signifie « ville joyeuse ». Comme partout, l'invasion des Barbares entraîna la disparition de la viticulture. Ce sont les religieuses de l'abbaye de Saint-André qui auraient recommencé à cultiver la vigne, au IXe siècle. Au XIVe siècle, les évêques d'Orange, contraints par le pape d'Avignon à s'installer dans cette abbaye, encouragèrent le développement de la viticulture. Au XIXe siècle, le Gigondas servait à renforcer les vins de Bourgogne comme l'Hermitage améliorait ceux de Bordeaux.

Entre les deux guerres, quelques vignerons s'attachèrent à rechercher la qualité et deux maisons de négoce, Amadieu et Meffre, furent créées à Gigondas, respectivement en 1930 et 1936. Leurs vins eurent droit à l'appellation Côtes-du-Rhône en 1953, puis à celle de Côtes-du-Rhône-Villages en 1966. Le médiocre Carignan fut banni et les producteurs adoptèrent le tri de la vendange, pratiqué depuis longtemps à Châteauneuf-du-Pape. Ces efforts furent récompensés en 1971 par la création de l'AOC Gigondas. Les conditions de production sont les mêmes que pour le Côtes-du-Rhône-Villages (12,5 ° minimum, 35 hl/ha maximum, pas plus de 65 % de Grenache, 25 % de Syrah, Cinsault et

Mourvèdre au moins), sinon que le rosé doit compter au moins 15 % de Cinsault et que le Carignan est interdit. Une teneur alcoolique de 13 à 14,5 %, rivalisant avec celle de Châteauneuf-du-Pape, n'est pas inhabituelle.

Gigondas est dominé par les deux négociants Amadieu et Meffre, le second possédant la plus grande surface de vignobles AOC de France. Il y a aussi nombre de domaines plus petits, souvent très anciens, comme le prouvent par exemple des vestiges de gobelets à vin romains découverts au Domaine Raspail-Ay. Naturellement, Gigondas possède une cave coopérative qui vinifie pour le compte des petits viticulteurs ou de ceux qui ne possèdent pas le matériel nécessaire. Elle a l'honneur de fournir le Gigondas du célèbre Oustaù de Baumanière, aux Baux-de-Provence.

À Gigondas, on vinifie de manière soit traditionnelle soit moderne, ou l'on associe les deux méthodes. Certains domaines, comme celui des Pallières, élèvent leur vin en fûts (jusqu'à trois ans) ; d'autres, passant d'un extrême à l'autre, pratiquent exclusivement la macération carbonique – qui donne des vins bien colorés évoluant vite – utilisée notamment pour l'élaboration de nombreux Côtes-du-Rhône.

Même obtenu ainsi, le Gigondas a souvent une robe profonde, pourpre tendant vers le noir et des arômes rustiques de thym, de poivre, de viande rôtie et de mûres. Il est parfois très tannique, rarement dur et astringent, plutôt ample et souple. Le style et la qualité sont très variables. Au sommet de l'échelle, la Cuvée Florence de Jean-Pierre Cartier (Domaine Les Goubert), élevée en fûts neufs, est solidement structurée, riche, aromatique avec des nuances végétales, sans pour autant être « cuite », tandis que le Domaine Raspail-Ay est plus intense encore et plus lourd, dans le style de certains Châteauneuf. Les meilleurs Gigondas ont un bon équilibre acidité-alcool ; Le Cru du Petit Montmirail de Roger Combe

(L'Oustau Fauquet) est particulièrement remarquable à cet égard. Roger Meffre (Domaine Saint-Gayan) obtient une forte intensité aromatique grâce aux vieilles vignes de son vignoble. Le Domaine Les Pallières des frères Roux, riche, fumé, évoque la venaison. À l'autre extrémité de l'échelle, on trouve des Gigondas « cuits », avec une profondeur ou un fruité insuffisants pour équilibrer leur excès d'alcool. C'est un défaut souvent reproché aux vins de négociants (même les Gigondas proposés récemment par Paul Jaboulet Aîné souffrent un peu de ce défaut).

MUSCAT DE BEAUMES-DE-VENISE

Beaumes-de-Venise, nichée au pied des Dentelles de Montmirail, est une des dix-sept communes ayant droit à l'appellation Côtes-du-Rhône-Villages, mais elle possède aussi sa propre appellation, Muscat de Beaumes-de-Venise, pour un vin doux naturel (VDN) fortement aromatique et épicé, que je trouve différent du Muscat élaboré ailleurs.

La surface du vignoble de Muscat a augmenté dans des proportions étonnantes depuis quelques années. Quand l'appellation fut créée, en 1945, il ne comptait que 40 ha contre 230 aujourd'hui.

Le cépage unique est le Muscat Blanc à Petits Grains (connu aussi sous le nom de Muscat de Frontignan). Il n'est pas très facile à cultiver car il est vulnérable à l'oïdium, au mildiou, à la pourriture grise, aux vers de la grappe, ainsi qu'aux abeilles et aux guêpes qui en raffolent. Bien qu'il mûrisse tôt, on ne le vendange généralement pas avant la mi-octobre, afin d'obtenir une forte concentration de sucre. La méthode de vinification des VDN est décrite page 24.

Traditionnellement, le Muscat était élaboré avec une teneur alcoolique totale comparable à celle du Porto ou du Xérès (de 17 à 21 °). Maintenant, la norme est de 15,5 °, fixée *de facto* par la grande cave coopérative, qui vinifie 90 % de tout le Muscat de Beaumes-de-Venise. M. Nativelle, de l'excellent Domaine de Coyeux, qui s'intéresse à l'exportation, limite la teneur alcoolique de son VDN à 15 °, afin de limiter les droits de régie à payer dans les pays destinataires.

Le Muscat de Beaumes-de-Venise possède une belle robe orange-or, un arôme intense de raisin de Muscat frais, un bouquet épicé de fruits exotiques, une saveur sucrée riche et onctueuse, et une fin de bouche longue et puissante. Traditionnellement, le Muscat est un vin de dessert (c'est un des rares vins qui s'accorde avec le chocolat) ou un digestif, mais

GIGONDAS	
Meilleurs producteurs	
Pierre Amadieu	Jean-Pierre Cartier
Gabriel Meffre	(Domaine Les Goubert)
Roger Meffre (Domaine	Dominique Ay (Domaine
Saint-Gayan)	Raspail-Ay)
Serge Chapalain	Cave Coopérative
(Domaine	
de Longue-Toque)	
Hilarion Roux (Les Fils	Roger Combe (L'Oustau
de Les Pallières)	Fauquet)
	Michel Feraud

À l'ombre des Dentelles de Montmirail, la vie du paisible village de Beaumes-de-Venise s'organise autour des cafés où l'on peut déguster un Muscat ou un Côtes-du-Rhône-Villages.

on peut le servir, sur glace, en apéritif ou encore pour accompagner un melon. Étant donné qu'il peut être conservé plusieurs jours après avoir été débouché, la coopérative le loge dans des flacons en verre blanc munis d'une fermeture à vis. Les rares producteurs indépendants utilisent une flûte avec le bouchon habituel en liège.

Le Domaine Durban et le Domaine de Coyeux sont les plus connus. Jean-Pierre Perrin de La Vieille Ferme, producteur de Côtes-du-Ventoux, qui ne possède pas de vigne, en fait un peu, comme la famille Rey (autre producteur de Côtes-du-Ventoux). Le dernier est le Domaine des Bernardins. Un négociant, Vidal-Fleury (racheté par la maison Guigal), propose un excellent Muscat de Beaumes-de-Venise.

RASTEAU (VDN)

Comme Beaumes-de-Venise, Rasteau est une commune de l'appellation Côtes-du-Rhône-Villages et produit comme elle un vin doux naturel (VDN). Celui-ci, essentiellement issu du Grenache noir, porte l'appellation d'origine contrôlée Rasteau. Pourtant, l'aire d'appellation est la même que celle du Côtes-du-Rhône-Villages, le même cépage servant à l'élaboration des deux types de vin. Dans la pratique, il y a toutefois différenciation des parcelles, le raisin le meilleur et le plus mûr, réservé au VDN, venant des pentes argilo-calcaires plutôt que de la plaine du bas de la commune. On estime aussi que les vieilles vignes conviennent le mieux à la production du VDN, leurs richesses saccharine et aromatiques étant plus fortes.

La loi précisant que le raisin destiné au VDN doit contenir au mimimum 250 g de sucre par litre (équivalent, après fermentation, à 14,7 °), il ne s'en fait que très peu les mauvaises années. La vendange a lieu à mi-octobre.

Il existe trois styles de Rasteau. Le rouge traditionnel (rouge-brun orangé) est vinifié avec les parties solides pour une bonne extraction de la couleur et pour donner au vin une solide charpente. Celui-ci, réservé aux puristes, ne compte que pour 7 % de la production. Les viticulteurs et les vrais amateurs l'adorent, mais ils doivent reconnaître qu'il est lourd, parfois tannique, et moins commercial que le Rasteau blanc. Celui-ci est vinifié après soutirage pour lui garder une couleur claire (en réalité or profond). Le blanc, qui paraît plus doux, évoque le caramel et le miel, tandis que le rouge est plus fruité, avec une touche d'amertume. L'un et l'autre sont élevés un an ou deux dans le bois. Le vin du troisième style, appelé « rancio » passe beaucoup

plus de temps en fût où il madérise (s'oxyde) lentement. Il évoque le Porto Tawny (lui aussi élevé dans des fûts où il passe plus de cinq ans), avec une curieuse odeur de rance. Le Rasteau rancio est infiniment meilleur que son qualificatif pourrait le faire craindre. Il possède une séduisante rondeur souple étrangère aux autres VDN. Ses producteurs le tiennent en haute estime mais reconnaissent que c'est un goût acquis.

Seule la coopérative produit du Rasteau rouge, dont elle est justement fière, mais elle admet que c'est le Côtes-du-Rhône qui « fait bouillir la marmite ». Quelques viticulteurs élaborent du Rasteau de divers styles, mais ici aussi, il s'agit d'une activité accessoire.

Le Rasteau est une curiosité, et pourtant la coopérative assure que la demande absorbe facilement la production. Il se boit généralement à l'apéritif, mais certains l'aiment comme digestif ; parfois on l'utilise aussi en cuisine.

Ces vignes, au-dessus de Rasteau, ont un âge si vénérable que leur rendement est très faible, mais elles donnent un vin superbe.

CÔTES-DU-RHÔNE-VILLAGES

L'appellation régionale Côtes-du-Rhône est immense puisqu'elle s'étend de Vienne à Avignon sur plus de 160 communes de six départements. Il n'est donc pas étonnant que l'on y trouve le meilleur et le pire. Après la Deuxième Guerre Mondiale, les communes produisant les meilleurs vins ont cherché à se distinguer des autres. Quatre ont obtenu gain de cause en 1953 quand un arrêté ministériel les autorisa à faire figurer leur nom sur l'étiquette avec celui de Côtes-du-Rhône, à condition d'observer des règles de production plus sévères. Il s'agissait de Cairanne, Chusclan, Laudun et Gigondas. Elles furent suivies de Vacqueyras en 1953, puis de Vinsobres en 1957.

En 1966, l'INAO (Institut National des Appellations d'Origine) porta le nombre de communes bénéficiant de ce privilège à 17 et précisa les règles de production. Gigondas disparut de la liste en 1971 quand elle fut promue AOC et Beaumes-de-Venise s'y ajouta en 1979. L'usage étant d'assembler les vins de plusieurs communes, ces dispositions furent complétées en 1967 avec la création de l'appellation Côtes-du-Rhône-Villages.

La situation est donc aujourd'hui la suivante : les vins provenant d'une seule de ces 17 communes peuvent être étiquetés soit Côtes-du-Rhône suivi du nom de la commune (par exemple Côtes-du-Rhône-Valréas), soit Côtes-du-Rhône-Villages. En revanche, les vins d'assemblage provenant de plusieurs communes, dont un certain nombre de communes limitrophes des précédentes, n'ont droit qu'à la dénomination Côtes-du-Rhône-Villages.

Les conditions de production des Côtes-du-Rhône-Villages sont donc plus strictes que celles des Côtes-du-Rhône tout court : teneur alcoolique minimum 12,5° pour le rouge et le rosé, 12° pour le blanc (11° pour tous les Côtes-du-Rhône); rendement maximum 35 hl/ha (50 hl/ha pour le Côtes-du-Rhône), inférieur même à celui de l'Hermitage et du Saint-Joseph, fixé à 40 hl/ha. Pour le rouge, le Grenache est limité à 65% de l'encépagement, le médiocre Carignan à 10% (30% dans le Côtes-du-Rhône) et les cépages nobles – Syrah, Cinsault, Mourvèdre – doivent atteindre 25%.

La plupart des communes ayant droit à l'appellation Côtes-du-Rhône-Villages font aussi du Côtes-du-Rhône (qui peut former le gros de la production). La raison en est que le prix légèrement supérieur obtenu pour le Côtes-du-Rhône-Villages ne compense pas le manque à gagner découlant de l'obligation de respecter un rendement maximum de 35 hl/ha au lieu de 50 hl/ha. Certains producteurs soutiennent que la qualité n'est pas affectée par un plus fort rendement, une teneur alcoolique plus élevée ne donnant pas automatiquement un meilleur vin, l'essentiel étant un bon équilibre. Ils ont raison quant à l'équilibre, mais il reste qu'un rendement limité, qui favorise la concentration, est la clé de l'élaboration des grands vins. Quoi qu'il en soit, la production des Côtes-du-Rhône-Villages n'est encore que moins d'un dixième de celle des Côtes-du-Rhône tout court.

Les Côtes-du-Rhône-Villages, qui sont majoritairement rouges et que nous allons passer en revue dans l'ordre alphabétique, sont dans l'ensemble plus typés car ils mettent mieux en évidence les caractères propres à leur lieu de production (en outre, les Côtes-du-Rhône tout court sont souvent des assemblages de vins de toute la région). Ainsi, les vins du Vaucluse sont les plus pleins et les plus concentrés tandis que ceux du Gard sont plus légers et plus délicats.

BEAUMES-DE-VENISE

Beaumes-de-Venise est un ravissant village tranquille du Vaucluse, datant du VIIIe siècle, proche des Dentelles de Montmirail. On le connaît surtout pour son Vin Doux Naturel (*voir* l'appellation Muscat de Beaumes-de-Venise page 52). Son Côtes-du-Rhône-Villages est moins puissant que celui de Vacqueyras, distant de 4,5 km, le sol de la commune étant souvent très calcaire.

CAIRANNE

Le village se trouve à environ 17 km au nord-est d'Orange, sur la route départementale Bollène-Carpentras. Son point culminant est la Tour des Templiers, qui date du XIVe siècle, d'où l'on jouit d'une vue splendide et qui abrite une galerie d'art ainsi qu'un musée vinicole.

Les vignobles entourant Cairanne se divisent en deux groupes : ceux du plateau situé au nord du village ont un sol argileux tandis que ceux qui se trouvent au sud ont un sol pauvre, rocheux et graveleux. Celui-ci engendre un vin capiteux très tannique et très coloré tandis que celui issu du premier est plus élégant et plus souple. Le Cairanne rouge peut être un des Côtes-du-Rhône-Villages les plus puissants. Quand il est vinifié de manière traditionnelle et élevé en fûts, il est presque aussi robuste que le Châteauneuf-du-Pape dont il n'a toutefois pas la longévité (il faut le boire dans les cinq ans).

Le rouge compte pour les trois quarts de la production, le reste étant principalement du rosé. La coopérative occupe une position dominante.

CHUSCLAN

Chusclan est une des trois communes du Gard bénéficiant de l'appellation Côtes-du-Rhône-Villages. Elle est surtout connue pour son remarquable rosé, mais on y fait beaucoup de rouge et un peu de blanc. Le vin de Chusclan vient d'un vignoble de 560 ha qui s'étend aux communes voisines d'Orsan, Codolet et Saint-Étienne-des-Sorts. Chaque commune a sa propre coopérative. Le Chusclan rouge est moyennement corpulent, franc et fruité avec une certaine souplesse.

LAUDUN

Autre commune du Gard, à quelques kilomètres au sud de Chusclan, Laudun s'enorgueillit de posséder des vignobles remontant au moins au IIIe siècle av. J.-C. (ce que prouveraient des amphores découvertes sur place). Deux autres communes, Saint-Victor-la-Coste et Tresques, apportent leur contribution aux Côtes-du-Rhône-Villages. De nombreux vignobles sont situés sur le Plateau du Camp de César, au nord du village de Laudun.

Laudun fait un rouge qui rivalise avec le Chusclan et un assez bon blanc issu de la Clairette et de la Roussanne. Chaque commune a sa coopérative et il y a trois producteurs indépendants dont le plus connu est le Domaine Pelaquié.

RASTEAU

Rasteau est situé dans le Vaucluse, à une vingtaine de kilomètres au nord-est d'Orange, entre Cairanne et Roaix. Cette commune est célèbre pour son Vin Doux Naturel (*voir* l'appellation Rasteau page 67). Les quatre cinquièmes de la production – en majorité du rouge – sont assurés par la Cave des Vignerons de Rasteau et il y a de nombreux producteurs indépendants. Le rouge, issu principalement du Grenache, qui s'épanouit sur un sol ressemblant à celui de Châteauneuf-du-Pape, est robuste, corpulent et très fruité; le rosé est franc et vif.

ROAIX

Le village médiéval de Roaix, sur la rive droite de l'Ouvèze, est proche de Rasteau et à 6 km de Vaison-la-Romaine. Le sol du vignoble est lourd et pierreux et les vins de Roaix ne comptent pas parmi les meilleurs Côtes-du-Rhône-Villages. La Cave Coopérative de Roaix-Séguret élabore la presque totalité du vin de la commune (trois-quarts de rouge, un quart de rosé).

ROCHEGUDE

Rochegude, dans la Drôme, est situé au sud-est de Bollène, à 5 km au sud de Suze-la-Rousse où est installée une «Université du Vin» remarquablement équipée qui comprend notamment une œnothèque et un musée. Le château de Rochegude, qui domine le village, a été aménagé en hôtel de luxe et son restaurant est réputé. Les vignobles sont situés sur une plaine et sont complantés principalement en Grenache et en Cinsault. Le Rochegude rouge est fruité avec un riche bouquet, tantôt robuste, tantôt souple. La production de rosé et de blanc, sans grand intérêt, est étiquetée Côtes-du-Rhône.

ROUSSET-LES-VIGNES ET SAINT-PANTALÉON-LES-VIGNES

Ces deux communes voisines, à quelques kilomètres au nord-est de Valréas, mais dans la Drôme, sont les plus septentrionales de l'appellation Côtes-du-Rhône-Villages. Les deux villages s'insèrent dans un paysage magnifique, au pied du massif du Diois. Les vignobles se trouvent principalement dans une plaine fertile argilo-calcaire abondamment arrosée par les cours d'eau qui descendent de la montagne proche; certains grimpent sur des pentes plus graveleuses.

Le vin est en majorité du rouge très alcoolique (13°).

SABLET

Avec Sablet, qui se trouve tout près de Séguret, à une quinzaine de kilomètres au sud-ouest de Vaison-la-Romaine, on retourne dans le Vaucluse. C'est un village fortifié roman bénéficiant d'une vue aussi spectaculaire que celle dont on jouit de Séguret. Son nom vient du sol sableux des vignobles qui l'entourent. La plus grande partie du vin de la commune est élaborée par la Société Coopérative Le Gravillas. Les Sablet rouge et rosé sont légers, délicats et bien fruités. Il y a aussi une petite production d'un blanc dont la qualité ne

Sablet n'est pas difficile à trouver : à des kilomètres à la ronde on voit son clocher qui se dresse dans la plaine du Vaucluse.

justifie pas un commentaire. Le principal titre de gloire de Sablet est la machine à greffer qui y a été inventée.

SAINT-GERVAIS

Saint-Gervais, à l'est de Chusclan, est sans doute la commune la plus réputée de celles du Gard, essentiellement grâce au splendide Domaine Sainte-Anne qui élabore un rouge remarquable à base de Syrah et de Mourvèdre et un blanc délicieux issu du Viognier, cépage dont la présence est rarissime hors de Condrieu et de Château Grillet.

La plus grande partie de la production de Saint-Gervais est vinifiée par la coopérative qui compte 158 membres pour une population d'un demi-millier d'âmes. Le vin de la coopérative, principalement élaboré de manière traditionnelle, est probablement moins connu que ceux de Laudun et, particulièrement, de Chusclan.

SAINT-MAURICE-SUR-EYGUES

Saint-Maurice-sur-Eygues, dans la Drôme, est une minuscule commune située à une douzaine de kilomètres au nord-ouest de Vaison-la-Romaine, sur la route Bollène-Nyons. Comme c'est le cas dans nombre d'autres communes de l'appellation, la presque totalité de la production est assurée par la coopérative (Cave des Coteaux de Saint-Maurice-sur-Eygues). Le vignoble, complanté principalement en Grenache, est situé sur les pentes s'élevant au dessus de l'Eygues. Le gros de la production est un rouge plutôt léger.

SÉGURET

Les vins de Séguret, un rouge léger et un blanc sans qualité particulière, sont vinifiés par la Cave Coopérative de Roaix-Séguret. Le village vaut le détour pour la cuisine régionale de La Table du Comtat, hôtel qui domine le Plan de Dieu.

VACQUEYRAS

Vacqueyras, à quelques kilomètres au sud de Gigondas et au nord-est de Beaumes-de-Venise, est probablement la commune la plus connue de l'appellation et celle où l'on fait sans doute le meilleur vin rouge.

La plupart des producteurs de Côtes-du-Rhône-Villages espèrent être admis un jour parmi les AOC, comme ce fut le cas de ceux de Gigondas. Certains producteurs de Vacqueyras, qui choisissent l'appellation Côtes-du-Rhône tout court car elle permet de plus forts rendements, ne voient pas l'intérêt de cette promotion. Néanmoins, je ne serais pas surpris que les producteurs de cette commune en bénéficient bientôt. En effet, le Vacqueyras vinifié de manière traditionnelle est riche, profond, épicé, avec une robe presque noire. Il ressemble parfois à un vin des Côtes-du-Rhône septentrionales, comme celui de Paul Jaboulet Aîné que l'on croirait issu de la Syrah bien qu'il soit surtout fait de Grenache. D'autres Vacqueyras, comme par exemple le Clos des Cazaux, font largement appel à la Syrah. La cave coopérative locale produit un rouge robuste étiqueté Les Vins du Troubadour en l'honneur du légendaire troubadour Raimbaud. Roger Combe élabore un excellent Vacqueyras, concentré et très coloré.

Les meilleurs rouges viennent de vignobles au sol graveleux qui leur donnent fruité et concentration. On fait aussi un peu de blanc et de rosé qui sont loin d'avoir le même intérêt.

VALRÉAS

Valréas est perché sur une colline au centre de l'ancienne enclave des papes d'Avignon, formée des communes de Valréas, Grillon, Visan et Richerenches, soit 200 kilomètres carrés rattachés administrativement au département du Vaucluse, mais isolés de celui de la Drôme qui l'encercle par un anneau de collines. On peut y admirer une église romane du XIIe siècle et un palais du XVIIIe qui est maintenant l'hôtel de ville. Le vignoble qui l'entoure est presque plat, tantôt graveleux, tantôt argilo-calcaire.

Valréas est célèbre pour trois produits : le vin, les emballages en carton et les truffes (récoltées dans un bois de chêne voisin). Le Valréas rouge, à base de Syrah et de Cinsault, est robuste, épicé, fruité et évolue assez vite. On fait aussi un peu de rosé. Il y a quelques domaines, une cave coopérative, La Gaillarde, et une société d'embouteillage, installée aux portes de la ville, le Cellier de l'Enclave des Papes, qui travaille aussi bien pour la coopérative que pour les viticulteurs indépendants.

VINSOBRES

Vinsobres est situé à 15 km au sud-est de Valréas, non loin de l'Eygues, hors de l'Enclave des Papes, donc dans la Drôme.

La production est dominée par deux coopératives, la Vinsobraise, où une très grande partie du vin est vinifiée, et la Cave du Prieuré, qui est spécialisée dans l'élevage et la commercialisation. Le rouge est souvent élevé assez longtemps en barrique, ce qui est risqué, sauf les très bonnes années, pour un vin plutôt léger. Il y a aussi six bons domaines indépendants.

Le meilleur Vinsobres, si alcoolisé qu'il faut le boire sobrement, peut être complexe avec des nuances d'épices, de fumée et de fruits rouges. Malheureusement, les producteurs de Vinsobres préfèrent généralement utiliser l'appellation Côtes-du-Rhône tout court, ce qui leur permet de pousser le rendement. Il faut dire que la différence de prix entre les deux appellations est minime.

CÔTES-DU-RHÔNE-VILLAGES		
Gard	**Drôme**	**Vaucluse**
Chuslan Laudun Saint-Gervais	Rochegude Rousset-les-Vignes Saint-Maurice-sur-Eygues Saint-Pantaléon-les-Vignes Vinsobres	Beaumes-de-Venise Cairanne Rasteau Roaix Sablet Séguret Vacqueyras Valréas Visan

VISAN

Visan est la seconde commune de l'Enclave des Papes ayant droit à l'appellation. Comme à Vacqueyras, la vieille ville est perchée sur une petite colline. Le sol du vignoble est argileux. Le Visan vinifié traditionnellement est robuste, corpulent, est habillé d'une robe profonde et se bonifie pendant quelques années. Pendant longtemps, la Coopérative des Coteaux de Visan assurait la quasi-totalité de la production, mais deux domaines élaborant un vin de grand mérite ont été créés récemment, le Domaine de Cantharide (forte proportion de Syrah et de Mourvèdre) et le Clos du Père Clément. Dans tout le vignoble la Syrah gagne du terrain au détriment du Grenache.

CÔTES-DU-RHÔNE

Les vins classés dans l'immense appellation régionale Côtes-du-Rhône, qui date de 1937, comptent aujourd'hui pour plus de 80% de la production totale de la vallée. Il existe des Côtes-du-Rhône rouges, rosés et blancs, mais les rouges sont très largement majoritaires.

Certains sont carrément détestables, d'autres imparfaitement vinifiés; ceux dont la qualité est satisfaisante et régulière sont très nombreux, mais ils manquent habituellement de personnalité; il faut y ajouter une petite minorité de vins splendides qu'un vieillissement relativement long peut bonifier. Ces derniers ne sont généralement pas

Les deux titres de gloire de Suze-la-Rousse sont le restaurant gastronomique du château et l'université du vin, unique au monde.

des vins d'assemblage, mais viennent plutôt d'un seul domaine – le vinificateur peut donc leur imprimer sa marque et ils possèdent un caractère beaucoup plus marqué. Les coopératives jouent un rôle très important puisqu'elles élaborent plus de 60 % des vins de l'appellation, mais celui du négoce l'est encore davantage puisqu'il commercialise 85 % des vins du Rhône.

Les règles de production sont comparativement généreuses. Le titre alcoométrique minimum est de 11° pour tous les vins (bien que de nombreux producteurs n'aient aucune difficulté à atteindre 12°, sauf les très mauvaises années). Le rendement maximum est fixé à 50 hl/ha et les cépages autorisés sont très nombreux, la seule restriction étant un maximum de 30 % de Carignan. En général, les rouges sont à base de Grenache assisté par la Syrah, le Mourvèdre et le Cinsault. La grande variété des styles de Côtes-du-Rhône rouge découle non seulement de la diversité de l'encépagement, des sols, des climats et des expositions, mais aussi des différentes méthodes de vinification. Encore qu'il soit hasardeux de généraliser dans ce domaine, on peut dire sans risque de se tromper que de nombreuses coopératives associent la macération semi-carbonique – qui donne couleur et souplesse – et la vinification traditionnelle – qui apporte la charpente et le tanin. Un bon vin de coopérative sera souple, moyennement corpulent, pas trop astringent, d'un abord facile et prêt à boire au bout d'un an. Sa longévité ne dépassera pas trois ou quatre ans.

Chacun des domaines, qui se comptent par centaines, fait beaucoup moins de vin qu'une coopérative, encore que certains soient très vastes. Ainsi, le Château Malijet dépasse 180 ha. Les meilleurs Côtes-du-Rhône élaborés par des producteurs indépendants, comme par exemple le Cru du Coudelet (fait à Châteauneuf-du-Pape par la famille Perrin qui possède aussi le Château de Beaucastel), comptent une importante proportion de Syrah et de Mourvèdre, dans ce cas respectivement 20 et 30 %, qui permet d'obtenir des vins plus concentrés, plus tanniques, avec une robe plus profonde et une plus grande longévité. Le Château de Fonsalette (même propriétaire que le Châteauneuf-du-Pape Château Rayas), à Lagarde-Paséol, élabore deux Côtes-du-Rhône splendides : le premier a la qualité d'un bon Châteauneuf-du-Pape, le second – Cuvée de Syrah – ressemble étroitement à un Hermitage.

Tous les négociants de la vallée du Rhône, ainsi que certains du Midi, de Provence et de Bourgogne, proposent un bon choix de Côtes-du-Rhône. De manière générale, chaque négociant a son propre style; si vous aimez ses autres vins, vous apprécierez probablement aussi ses Côtes-du-Rhône.

Les bons vins de l'appellation régionale ont une robe pourpre plus ou moins profonde; très fruités et épicés dans leur jeunesse, ils évoluent vite et déploient un bouquet fumé avec des nuances végétales. La plupart des autres sont légers et ont un nez de confiture de fraises, mais ils sont encore préférables aux plus mauvais que l'on rencontre encore parfois : oxydés, cuits, minces mais âpres, ils sont franchement atroces. On ne peut que conseiller de ne pas acheter de Côtes-du-Rhône rouge sans l'avoir goûté.

La qualité des Côtes-du-Rhône blancs s'est beaucoup améliorée depuis une décennie, notamment grâce à un meilleur contrôle de la température de fermentation qui permet d'obtenir des vins plus frais et plus vifs. Les principaux cépages sont la Marsanne et la Roussanne, la Clairette, le Bourboulenc, le Picpoul, le Grenache blanc et l'Ugni Blanc. Les meilleurs blancs, qui ont une robe jaune-vert pâle, sont moyennement corpulents, secs avec un fruité rafraîchissant et une fin de bouche nerveuse. Les moins bons sont lourds et mal équilibrés; leur nombre décroît, mais prenez garde : on vous en proposera encore souvent.

Le Côtes-du-Rhône rosé, issu des mêmes cépages que le rouge, est principalement consommé dans la région. Sa qualité est meilleure que celle d'un blanc d'origine incertaine.

CÔTES-DU-RHÔNE		
Meilleurs producteurs	**Producteurs recommandés**	**Négociants recommandés**
Château de Fonsalette Cru du Coudelet	Château Malijet La Vieille Ferme Château de Domazan Château du Grand Moulas Domaine des Treilles	Paul Jaboulet Aîné E. Guigal Caves Saint-Pierre

APPELLATIONS PÉRIPHÉRIQUES

Clairette de Die mise à part, la majorité des consommateurs ne connaissaient pour ainsi dire pas les vins qui suivent il y a quelques décennies.

CHÂTILLON-EN-DIOIS

L'appellation Châtillon-en-Diois, dans la Drôme, jouxte, au sud-ouest, celle de Clairette de Die. Anciennement VDQS, elle a été promue AOC en 1975. L'encépagement est inhabituel pour la vallée du Rhône : le rouge, fruité et très léger, est issu du Gamay soutenu par la Syrah et le Pinot noir ; le blanc, largement minoritaire, du Chardonnay et de l'Aligoté. Ils sont tous deux élaborés par la coopérative de Die.

CLAIRETTE DE DIE

Au Ier siècle av. J.-C., Pline l'Ancien disait grand bien du vin de Dea Augusta (nom romain de Die), selon lui le meilleur vin doux naturel (non édulcoré) de l'empire romain. Aujourd'hui, l'appellation Clairette de Die, créée en 1942 et complétée en 1971, s'applique principalement à des vins effervescents.

Les vignobles occupent les pentes de l'est de la Drôme, au sud du Vercors. Deux cépages sont cultivés, le Muscat à Petits Grains sur les sols argilo-calcaires et la Clairette sur le sol graveleux qui lui convient mieux.

Les vins effervescents sont élaborés selon deux méthodes. La méthode dioise pour la Clairette demi-sec ou Tradition (dénomination utilisée par la coopérative) et la méthode de la seconde fermentation en bouteille par addition de liqueur sucrée pour la Clairette Brut (*voir* page 24 pour la description de ces méthodes).

La Clairette Brut, plutôt neutre, est presque exclusivement issue de la Clairette tandis que la Clairette demi-sec comprend un minimum de 50 % de l'aromatique Muscat à Petits Grains qui, avec la méthode d'élaboration, lui donne son originalité. La coopérative est le plus gros producteur.

COTEAUX DU PIERREVERT

L'appellation VDQS Coteaux du Pierrevert jouxte celle de Côtes-du-Lubéron à l'est, dans le département des Alpes-de-Haute-Provence. On y élabore, avec les cépages traditionnels des Côtes-du-Rhône méridionales, dans un climat nettement plus rigoureux que celui du Vaucluse, des vins rouges, rosés et blancs, nerveux et peu alcooliques, principalement destinés à la consommation locale et aux nombreux touristes.

COTEAUX DU TRICASTIN

La carrière du Tricastin viti-vinicole a été très rapide : encore inexistant une décennie après la fin de la guerre, il sortit de l'anonymat en 1964, quand il fut reconnu VDQS, puis fut promu AOC en 1973 déjà. L'appellation couvre 22 communes de la Drôme, sur la rive gauche du Rhône, entre Montélimar et Bollène.

Le paysage est tourmenté, balayé par le vent, et le climat plus rude que dans les Côtes-du-Rhône, mais le mûrissement du raisin est favorisé par la présence de galets sur le sol alluvial, qui jouent le rôle d'accumulateur de chaleur, comme à Châteauneuf-du-Pape.

L'encépagement est classique avec prédominance du Grenache ; la Syrah se trouve bien ici, mais heureusement pas le Carignan. Les Coteaux du Tricastin rouges (95 % de la production) sont généralement plus légers que leur couleur profonde et leur puissant arôme de framboise le laisseraient prévoir. La plupart sont des vins de carafe à boire dans l'année, mais les meilleurs peuvent se garder quelques années.

Une grande partie de la production est élaborée par la coopérative de Suze-la-Rousse, à 7 km à l'est de Bollène, et par celle de Richerenches, dans l'Enclave des Papes. Il y a aussi de nombreux producteurs indépendants dont le Domaine de la Tour d'Elyssas, célèbre pour son énorme tour de vinification, unique dans la vallée du Rhône, dans laquelle toutes les opérations sont effectuées par gravité et le refroidissement par circulation d'air, sans intervention de pompes.

CLAIRETTE DE DIE	
Producteurs recommandés	
Union des Producteurs de Die	M. Archard-Vincent Buffardel Frères M. J.-C. Vincent M. P. Salabelle

COTEAUX DU TRICASTIN
Producteurs recommandés
Domaine de la Tour d'Elyssas Domaine de Grangeneuve Château des Estubiers Domaine du Bois Noir

CÔTES-DU-LUBÉRON

L'appellation Côtes-du-Lubéron, VDQS depuis 1951, s'étend à l'est d'Avignon entre les Côtes du Ventoux et la Durance, dans le sud du Vaucluse. Les conditions de production sont celles des Côtes-du-Rhône. On y fait un peu de blanc et de rosé, mais le rouge domine très largement. Son style l'apparente davantage à celui des Côtes-du-Rhône. Habillé d'une jolie robe rubis et ayant une agréable bouche de fruits mûrs, il se boit de préférence très jeune. Les coopératives assurent la quasi-totalité de la vinification. Il y a quelques producteurs indépendants dont le Domaine de l'Isolette et le Château La Canorgue qui élèvent leur vin dans le chêne.

CÔTES-DU-VIVARAIS

L'appellation VDQS Côtes-du-Vivarais, qui date de 1962, est située sur la rive droite du Rhône, au nord-ouest de la région méridionale, en face des Coteaux du Tricastin et à cheval sur les départements de l'Ardèche et du Gard.

L'aire d'appellation compte 8 000 ha dont à peine un dixième est occupé par le vignoble. C'est dire que les possibilités d'extension sont grandes. Il y a trois crus, Orgnac, Saint-Montan et Saint-Remèze, pour lesquels la proportion de cépages nobles doit passer de 60 à 75 %, tandis que le Carignan est limité à 25 % au lieu 40. L'encépagement est celui des Côtes-du-Rhône.

On vinifie traditionnellement ou par macération semi-carbonique. La cuvaison est courte, la mise en bouteilles précoce et le vin – essentiellement du rouge, un peu de rosé –, fruité et gouleyant, se boit sans attendre.

Les coopératives sont nombreuses et assurent l'essentiel de la production de l'appellation et de celle des Vins de Pays des Coteaux de l'Ardèche (souvent préférée par les producteurs). Les meilleures sont l'Union des Producteurs d'Orgnac, les Vignerons Ardéchois à Ruoms, la Cave Coopérative de Saint-Montan et les Producteurs Réunis de Saint-Remèze-Gras. Il y a quelques bons domaines, le meilleur étant celui de Belvezet.

CÔTES-DU-VENTOUX

Il n'y a pas encore si longtemps, le Ventoux était surtout connu des passionnés de courses cyclistes, pourtant la vigne était déjà cultivée sur ses flancs au IXe siècle. Le vin des Côtes-du-Ventoux, qui fut un des meilleurs VDQS de la région, fut promu AOC, en 1973. L'appellation, qui couvre une cinquantaine de communes comptant quelque 8 000 ha, s'étend dans l'est du Vaucluse, des portes de Vaison-la-Romaine, au nord, à celles d'Apt, au sud. Elle est coupée en deux par une vallée sinueuse où les cerisaies voisinent avec les vignobles où l'on cultive le Muscat pour le raisin de table aussi bien que divers cépages pour la vinification. La région, magnifique et sauvage, dominée par le Ventoux qui culmine à plus de 1 900 m, n'a pas été abîmée par l'industrialisation.

Certains vignobles sont à plus de 400 m d'altitude, à la limite de la culture de la vigne à cette latitude. Le raisin y mûrit plus tard que dans la vallée et donne des vins plus minces et, peut-être, plus élégants. L'altitude et les différences de structure géologique expliquent pourquoi le Côtes-du-Ventoux est plus léger et plus gouleyant que les Côtes-du-Rhône voisins, bien qu'il soit issu des mêmes cépages et soumis aux mêmes conditions de production.

La plus grande partie de la production a été longtemps vinifiée en rouge très léger – cuvaison courte et mise en bouteille précoce. Ce *vin de café* est peu coloré, peu profond, et doit être bu sans attendre. La tendance actuelle est de prolonger la cuvaison afin d'extraire plus de couleur et de tanin et d'obtenir des vins ayant davantage de corps et une plus grande longévité. On fait aussi un peu de rosé et de blanc.

L'appellation est dominée par les coopératives auxquelles adhèrent une grande partie des 4 000 viticulteurs de la région. Parmi elles, la Montagne Rouge à Villes-sur-Auzon, élève une cuvée en fûts de chêne, ce qui est peu courant dans l'appellation, tandis que la Cave des Lumières, à Goult, élabore un rouge bien charpenté qui demande à vieillir ainsi qu'un blanc vif et aromatique.

CÔTES-DU-VIVARAIS	
Producteurs recommandés	
M. Brunel (Domaine de Belvezet) M. Dupré (Domaine de Vigier)	Mme Gallety (Domaine Gallety) Cave Coopérative de Saint-Montan

CÔTES-DU-VENTOUX	
Producteurs recommandés	
Famille Rey (Domaine Saint-Sauveur) M. Swann (Domaine des Anges)	M. Quiot (Domaine Vieux Lazaret) La Montagne Rouge (Cave Coopérative)

Le Vaucluse étant souvent balayé par le mistral, on a planté des rangées de
cyprès en bordure des vignobles pour en atténuer la force.
C'est aussi pourquoi les vignes sont conduites en taille basse.

INDEX

Les éditeurs remercient les personnes et organismes suivants qui les ont aimablement autorisés à reproduire les photos illustrant cet ouvrage : Michael Busselle 1, 24-25, 46-47, 65, 73; Cuisine et Vins de France 17, 59, 67; Patrick Eagar 2-3, 8-9, 36-37, 41, 42, 44, 50, 51, 52-53; Explorer/F. Jalain 48, 63, 68, 71, 73, 77; Susan Griggs Agency/C.W. Friend 58-59; the Photographers Library/Michael Busselle 15; Zefa Picture Library 61.

Cartes : Andrew Farmer
Cépages : Nicki Kemball